HELMUT F. KAPLAN

# Die Tierrechtsidee und ihre Feinde

*Mit einem Geleitwort von Jörg Luy*

HELMUT F. KAPLAN

# Die Tierrechtsidee und ihre Feinde

*Mit einem Geleitwort von Jörg Luy*

ISBN 978-3-7557-7361-0

Herstellung und Verlag: BoD – Books on Demand, Norderstedt
Umschlaggestaltung: Kevin T. Fischer
Satz und Layout: Kevin T. Fischer
Bildnachweis Umschlag: © OpenClipart-Vectors auf Pixabay
                        © Agzam auf Pixabay

Bibliografische Information der Deutschen Nationalbibliothek:
Die Deutsche Nationalbibliothek verzeichnet diese Publikation in der
Deutschen Nationalbiografie; detaillierte bibliographische Daten sind
im Internet über http://dnb.dd-nb.de abrufbar

# Geleitwort

## Liebe Leser*innen,

93 Prozent der Österreicher und 95 Prozent der Deutschen halten Tierschutz in der Landwirtschaft für wichtig, fand eine 2015 im Auftrag der Europäischen Union durchgeführte, repräsentative Befragung heraus. Etwa vier von fünf Befragten, 78 Prozent der Österreicher und 83 Prozent der Deutschen, sind der Ansicht, dass in ihrem Land das Wohlbefinden der Tiere besser geschützt werden müsste als dies gegenwärtig der Fall ist. In dieser Angelegenheit ist die große Mehrheit also theoretisch motiviert – nur engagiert ist sie leider nicht. Denn, auch wenn Tierschutz diesen Menschen wichtig ist, andere Dinge sind ihnen offenbar wichtiger. Das zeigt sich beispielsweise am Marktanteil von Bio-Fleisch, der auch heute noch, viele Jahre nach der Einführung dieses Marksegments, deutlich unter vier Prozent liegt. Das heißt, mehr als 96 Prozent des Fleisches stammen gegenwärtig aus der konventionellen Landwirtschaft, also genau den Haltungsformen, bei denen die, die es verzehren, von Tierschutzdefiziten ausgehen. Berücksichtigt man, dass Vegetarier und Veganer zusammen nur etwa fünf Prozent der Bevölkerung ausmachen, resultiert aus dieser Gegenüberstellung, dass

bei der Ernährung gegenwärtig Wertvorstellungen und Verhalten in einem auffälligen Missverhältnis stehen.

Dieses Missverhältnis lässt sich zwar erklären, es lässt sich aber interessanterweise weder bei anderen Menschen noch in Bezug auf das eigene Verhalten akzeptieren, da das menschliche Gerechtigkeitsempfinden für jede in Anspruch genommene Leistung eine angemessene Gegenleistung fordert. Eine Gegenleistung, die wir den Tieren bislang schuldig bleiben. Obwohl also 96 Prozent des vermarkteten Fleisches aus Haltungsformen stammt, bei denen die, die es kaufen, Tierschutzdefizite vermuten, stimmten im August 2017 in einer für Deutschland bevölkerungsrepräsentativen Studie der Universität Göttingen 94 Prozent der Befragten der Aussage zu, „wenn wir Tiere nutzen, sollten wir ihnen ein gutes Leben ermöglichen", 5 Prozent entschieden sich für „teils/teils", abgelehnt haben diese Aussage 0 Prozent. Wir stellen also nicht nur fest, dass Wertvorstellungen und Verhalten einander widersprechen, sondern beobachten überdies eine für die betroffenen Menschen unbehagliche Dissonanz zwischen moralischem Urteil und eigenem Handeln. Da große Bevölkerungsteile den gegenwärtigen Umgang mit Tieren als inakzeptabel empfinden, während sie die „Tierproduktion" durch die eigene Nachfrage weiter anfachen, ist die Selbsteinschätzung zum Fleischkonsum quer durch die Bevölkerung von selbstbetrügerischer Dissonanzreduktion geprägt: „Ich kaufe Fleisch nur beim Metzger, nicht das Abgepackte aus der Massentierhaltung." Oder: „Bei uns kommt nur Fleisch aus der Region auf den Tisch; da weiß man, was man hat." Dies charakterisiert in etwa die „Erfolgsbilanz" von 200 Jahren Tierethik. Nicht mehr und nicht weniger. Die damals vollkommen neue Botschaft der Aufklärung, dass Rücksicht zu nehmen ist, nicht allein auf Menschen, sondern auf alle „empfindungsfähigen Wesen", ist also als *Theorie* nachweislich in der Breite der Gesellschaft angekommen. Zu Beginn des 18. Jahrhunderts wäre das Statement aus der Göttinger Studie von der Bevölkerung wohl mehrheitlich abgelehnt worden.

Das gegenwärtige Problem betrifft die *Praxis*. Bei der Auseinandersetzung mit der Frage, was die Menschen daran hindert, ihr Verhalten ihren Einsichten anzupassen, ist in den letzten Jahren auch über „Sucht" nachgedacht worden. In der Tat ähnelt die Situation des Konsumenten der des Rauchers, der um die Nebenwirkungen seines Verhaltens weiß, und doch nicht damit aufhören kann. „Die Wurst ist die Zigarette der Zukunft" verlautete es vor einiger Zeit im Hinblick auf die Gefahr staatlicher Interventionen in kritischer Selbsterkenntnis aus der Fleischindustrie. Weil das gegenwärtige Konsumentenverhalten von Dissonanzreduktion bestimmt wird, verwundert es nicht, dass auf der Angebotsseite ein Marketing-Wettkampf um die friedlichsten Bilder und die freundlichsten Assoziationen entbrannt ist, denn der innerlich zerrissene

Kunde dankt für diese ethische Entlastung mit einem ungehemmten Konsum. Um billigen Nachschub made in Germany sicherzustellen, wurde 1971/72 sogar das Tierschutzgesetz an die Erfordernisse der „Massentierhaltung" angepasst, die „im letzten Jahrzehnt weltweit erfolgte" und von der damaligen Regierung „als ökonomisch gegeben" postuliert wurde. Vor diesem selbstwidersprüchlichen Hintergrund aus theoretischer Zustimmung und praktischer Verweigerung diskutiert Helmut Kaplan die Frage, welche Faktoren es sind, die bislang den fairen Umgang mit Tieren verhindern, und welchen Anteil die Tierethiker der jüngeren Vergangenheit an diesem Misserfolg haben.

Als Reaktion auf die sich ab den 1950er und 60er Jahren in den Industriestaaten schnell ausbreitende Massentierhaltung und den quantitativ stark zunehmenden „Tierverbrauch" der Forschung entstand vor etwa 50 Jahren innerhalb der Hochschulethik ein neues Feld, das man als appellierende Tierethik bezeichnen könnte. Deren Kernargument betont die Gleichheit von Menschen und anderen Tieren in Bezug auf das Empfinden von Freud und Leid, einen von naturwissenschaftlicher Seite inzwischen vielfach bestätigten Sachverhalt. Peter Singers „Animal Liberation" gilt für viele als das erste Buch der appellierenden Tierethik, kurz darauf folgten weitere, wie Tom Regans „The Case for Animal Rights", welches die Tierrechtsbewegung auslöste. Der Appell Singers und seiner Kolleg*innen, das Konsumverhalten zu ändern und die Interessen der Tiere als gleichberechtigt anzuerkennen, ist allerdings fast vollständig verpufft. Wie groß bzw. klein die Verhaltensänderung ausgefallen ist, demonstrieren das Bio-Fleisch-Beispiel und die Zahl der Vegetarier. Es ist fraglich, ob bei der Seltenheit dieses Verhaltens die Publikationen von Ethikern überhaupt eine nennenswerte Rolle gespielt haben, schließlich lehnte ein nicht unerheblicher Teil der Bevölkerung die Massentierhaltung auch schon vorher bzw. von Anfang an ab.

Das Scheitern des Aufrufs zur Verhaltensänderung wirft die Frage auf, welche strategischen Fehler den Tierethikern der jüngeren Vergangenheit unterlaufen sind. Wer oder was hat außerdem noch Anteil am Verpuffen ihrer Argumente? Und wie könnte das Ruder noch herumgerissen werden? – Das sind die Fragen, denen Helmut Kaplan in diesem Essay, der auch als prickelnd-provozierende Vorlesung über Anfang und Ende der Tierschutz- und Tierrechtsbewegung gelesen werden kann, nachgeht. Dass der Autor, um einen seiner Kritikpunkte selbst zu beherzigen, dafür eine allgemeinverständliche Sprache und intuitiv zugängliche Argumente verwendet, unterstreicht die Redlichkeit seines Vorhabens. Helmut Kaplan will überzeugen. Er ist selbst ein Vertreter der an Vernunft und Anstand appellierenden Tierethik, vielleicht der konsequenteste im deutschsprachigen Raum. Seit Jahrzehnten hält er an der Grundüberzeugung der Aufklärung, aus der im

18. Jahrhundert die Tierethik entstanden ist, fest: Gutes und richtiges Handeln wird von Motiven bestimmt, die vernünftiger Argumentation zugänglich sind! Jede Klärung der Gedanken sollte infolgedessen zu besseren Handlungen führen. Betrachtet man aber die knapp 50 Jahre tierethischer Appelle als ein großes gesellschaftliches Experiment, mit dem die Richtigkeit der aufklärerischen Grundannahme überprüft wird, dass gut und richtig Handeln von der Einsicht in gute und richtige Überlegungen bestimmt wird, dann finden wir uns heute bei der Auswertung dieses Experiments in dem Dilemma wieder, entweder zugeben zu müssen, dass gute und richtige Handlungen argumentativ nicht erzwungen werden können, oder dass bislang nicht die richtigen Argumente dafür gefunden worden sind. Gutes und richtiges Verhalten gegenüber Tieren kommt jedenfalls seltener vor als das Gegenteil.

Das macht nachvollziehbarerweise jeden Menschen wütend, der sich verpflichtet fühlt, auf empfindungsfähige Wesen, seien es Menschen oder andere Tiere, Rücksicht zu nehmen. Die Ursache dieser Wut ist Empörung, Empörung über Ungerechtigkeit und über Untätigkeit angesichts dieser Ungerechtigkeit. Diese Affekte stellen sich bei empathiefähigen Individuen spontan ein, wenn andere so behandelt werden, wie sie selbst nicht behandelt werden wollen, würden sie in der Haut des anderen stecken. Anders gesagt: Diese Affekte entstehen bei moralisch reifen Menschen immer dann, wenn sie eine entsprechende Behandlung ihrer Person als inakzeptabel zurückweisen würden.

Affekte sind motivierende Gefühle. Von Empörung begleitete Ungerechtigkeitsempfindungen zählen zu den stärksten Motiven menschlichen Handelns. Diese Affekte nötigen einen dazu, sowohl das eigene Verhalten rücksichtsvoll zu gestalten als auch Maßnahmen zum Schutz der ungerecht Behandelten und zur Verhaltensänderung der ungerecht Agierenden zu ergreifen. Bei den meisten Menschen wird diese uneigennützige Motivation gegen den Aufwand und die damit verbundenen Risiken abgewogen, was je nach Charakter und Tagesform nicht selten zur Folge hat, dass gar nichts passiert. Bei einigen wenigen Menschen jedoch überwiegt die Motivation, sich der Ungerechtigkeit entgegenzustellen, jedes andere Motiv. Die Historiker kennen einige Beispiele dafür. Der amerikanische Tierrechtler Tom Regan war so ein Typ – und Helmut Kaplan gehört auch dazu. Das hat fast zwangsläufig zur Folge, wenig Entgegenkommen zu praktizieren; denn etwas weniger ungerecht ist schließlich immer noch ungerecht. Diese Konsequenz ist charakteristisch für die Tierrechtsbewegung, die sich stets von faulen Kompromissen fern gehalten hat.

Die kompromisslose Linie erfordert allerdings Mut. Der seinerzeit sehr populäre Zoodirektor Bernhard Grzimek legte sich mit der mächtigen Geflügelindustrie an, als er darauf beharrte, dass die Haltung von

Legehennen in Käfigbatterien für die Tiere genauso schlimm sei wie die Konzentrationslager der Nazis für die dort Inhaftierten. Für seine berühmt gewordene Redewendung der „KZ-Hühner" musste sich Grzimek 1976 auf Betreiben eines Eierproduzenten zuerst vor dem Landgericht und dann vor dem Oberlandesgericht Düsseldorf verantworten. Grzimek bekam damals Recht. Inzwischen haben die Gerichte ihre Meinung geändert. In ethischer Hinsicht befriedigt die Ächtung des Holocaust-Vergleichs allerdings auch nicht vollumfänglich, wie die unterschiedlichen Positionen von Holocaust-Überlebenden zu dieser Frage demonstrieren. Das Neue und Erhellende an Helmut Kaplans Ausführungen, die weder für noch gegen den Holocaust-Vergleich argumentieren, besteht darin zu zeigen, wie das gegenwärtige Diskussionsklima im deutschsprachigen Raum bereits die Formulierung eines Debattenbeitrags zu dieser Thematik verhindert, was zur Folge hat, dass gegenwärtig nicht einmal im fachöffentlichen Diskurs unter Ethikern Fakten, Zusammenhänge und Blickwinkel angemessen ausgetauscht werden können. Wenn sich, wie in den letzten Jahren zu beobachten, das Diskussionsklima sogar an den Hochschulen verändert und missliebige Stimmen mundtot gemacht werden, nimmt die Auseinandersetzung existentiell bedrohliche Züge an – für den, der sich noch traut, seine Empörung in Argumente zu verwandeln, ebenso wie für die Diskussionskultur im Ganzen. In dieser „Cancel Culture" sieht Helmut Kaplan den bislang letzten Grund für das Scheitern der Tierrechtsbewegung. Angesichts dieser, ebenfalls der Dissonanzreduktion dienenden Unsitte sei darauf hingewiesen, dass man natürlich nicht jedes Argument zu teilen braucht, aber gegebenenfalls sollte man schon ein überzeugenderes vorlegen.

Das Scheitern der tierethischen Appelle bedeutet für die Tierrechtsbewegung eine existentielle Krise. Dennoch hat sich in Deutschland die Land- und Ernährungswirtschaft, die in den 1950er und 60er Jahren die von ihr selbst so genannte „Massentierhaltung" einführte, auf Transformationskurs begeben. In den nächsten Jahren und Jahrzehnten sollen im Rahmen einer agrarökonomisch forcierten „Nutztierstrategie" die Betriebe schrittweise umgebaut und das Tierschutzrecht schrittweise verschärft werden. Verantwortlich dafür ist nicht zuletzt der Leidensdruck der Landwirtfamilien, die sich mittlerweile in nur schwer erträglicher Weise gesellschaftlich ausgegrenzt fühlen. Sollte sich dieses gesellschaftliche Phänomen als Ventil unter Druck geratener Konsumenten erweisen, die ihre Empörung in Stigmatisierung der Landwirte umwandeln, statt ihre eigenen Ernährungsgewohnheiten zu ändern, dann hätten die Tierschutz- und die Tierrechtsbewegung am Ende doch noch eine Wirkung gehabt. Wenn auch eine, die in dieser Form sicher nicht beabsichtigt war.

Mein Fazit sieht daher nach der Lektüre dieses wichtigen und höchst aktuellen Essays wie folgt aus: Wenn wir, trotz des eingestandenen Scheiterns der bisherigen tierethischen Bemühungen, den Gedanken nicht aufgeben möchten, dass wir, Homo sapiens, den übrigen Tieren aus innerer Überzeugung bestimmte Rechte zugestehen wollen, dann sollten wir uns um ehrliche Dissonanzbeseitigung bemühen. Statt die Frage, wie unsere Lebensmittel und Medikamente erzeugt werden, zu verdrängen und die Lösung der Probleme an andere zu delegieren, sollten wir vielleicht der Empörung, die sich angesichts der gegenwärtigen Verhältnisse einstellt, eine Chance geben und uns von ihr zu einem fairen Umgang mit der Welt und ihren Bewohnern motivieren lassen.

Berlin, im November 2021

Jörg Luy

# Vorwort

Die bisherige Bilanz der Tierrechtsphilosophie ist desaströs: Die Situation der Tiere ist hoffnungsloser denn je. Und dass diese hoffnungslose Situation nicht wahrgenommen wird und angesichts der Werbe- und Marketingmaschinerie rund um „Bio" und „Tierwohl" inklusive diverser „Gütesiegel" kaum wahrgenommen werden kann, ist der niederschmetterndste Aspekt dieser hoffnungslosen Situation. Vor diesem Hintergrund ist es erklärungsbedürftig, warum hier dennoch an der Tierrechtsidee, genauer: an einem einfachen Tierrechtskonzept, festgehalten wird. Das sind die Gründe:

In den 70er-Jahren des vorigen Jahrhunderts hat die Tierrechtsphilosophie - biologisch, psychologisch und evolutionstheoretisch fundiert - historisch erstmalig (!) den Umgang mit Tieren als legitime und vollwertige Fragestellung in die Ethik integriert.

Damit wurde die Basis für einen möglichen ethischen, rechtlichen, gesellschaftlichen und politischen Paradigmenwechsel zu Gunsten der Tiere  geschaffen.

Ein solcher Paradigmenwechsel - basierend auf einem einfachen Tierrechtskonzept - wurde in den Anfangsjahren der Tierrechtsbewegung ansatzweise auch schon realisiert: regelmäßige TV-Reportagen über Jagdsabotagen, ernsthafte Diskussionen über die Schließung von Zoos, reflexhafte moralische Rechtfertigung der Menschen für das Noch-nicht-Vegetarier-Sein.

Es kann überzeugend gezeigt werden, dass aus nachvollziehbar begründeten Menschenrechten konsequenterweise Tierrechte folgen. (Kaplan, 2019 und 2020)

Tierrechte könnten faktisch sinnvoll, ethisch plausibel und rechtlich effizient an Menschenrechte „angebunden" werden: Viele Menschenrechte der „Allgemeinen Erklärung der Menschenrechte" haben Vorbildfunktion für Tierrechte. (4.3.3, Kaplan, 2019, S. 90 ff., Kaplan, 2020, S. 74 f.)

Salzburg, im Mai 2021

Helmut F. Kaplan

# Inhalt

# 4. Tierphilosophen ...... 59

# 1. Die Tierrechtsidee und ihre Feinde

Zur Tierrechtsidee gelangt man, wenn man der künstlichen Kluft zwischen Tieren und Menschen, die fehlendes Wissen und falsche Glaubenssysteme geschaffen haben, jene Bedeutung beimisst, die ihr bei Lichte besehen zukommt, nämlich: keine. Tiere haben wie Menschen vielfältige Interessen und wie Menschen einen Anspruch, ein Recht, ein Leben entsprechend diesen Interessen zu führen. Tiere haben wie Menschen eigenständige, individuelle Rechte. Um es mit Worten zu sagen, die erfreulicherweise immer öfter zitiert werden: Wir brauchen für den Umgang mit Tieren keine neue Moral. Wir müssen lediglich aufhören, Tiere willkürlich aus der vorhandenen Moral auszuschließen.

Tierrechte sind der logische Endpunkt einer langen Entwicklung. Die Tierrechtsbewegung ist die konsequente Fortsetzung anderer Befreiungsbewegungen wie etwa der Befreiung der Sklaven, der amerikanischen Bürgerrechtsbewegung oder der Emanzipation der Frauen. Immer ging und geht es darum, moralische Diskriminierungen aufgrund moralisch belangloser Merkmale zu erkennen und zu überwinden:

- Wir haben erkannt, dass die Hautfarbe moralisch belanglos ist.
- Wir haben erkannt, dass die Geschlechtszugehörigkeit moralisch belanglos ist.
- Und wir sollten endlich erkennen, dass auch die Spezieszugehörigkeit moralisch belanglos ist:

Warum sollte man jemanden quälen dürfen, weil er zu einer anderen Spezies gehört? Gleicher Schmerz ist gleich schlecht, egal ob er von Weißen, Schwarzen, Männern, Frauen, Kindern oder Tieren erlebt wird! Die Diskriminierung aufgrund der Spezies, der Speziesismus, ist genauso falsch wie Rassismus und Sexismus.

Dass der logische Endpunkt dieser Entwicklung, die Überwindung des Speziesismus und die Anerkennung von Tierrechten, noch immer nicht erreicht wurde, dass wir heute sogar weiter von ihm entfernt sind, als wir es schon einmal waren, könnte einen auf den Gedanken bringen, dass sich die Welt oder das Schicksal gegen die Tiere verschworen hat. Es gibt aber eine einfachere Erklärung: Die Tierrechtsidee hat besonders viele und besonders mächtige Feinde: die Tierproduzenten, die Tierkonsumenten, die Tierideologen und die Tierphilosophen. Natürlich hat die Tierrechtsidee noch mehr Feinde, die ganze Typologie, die wir überall, etwa in politischen Parteien, antreffen: Angeber, Blender, Egoisten, Opportunisten, Karrieristen, Querulanten, Narzissten, Pseudomoralisten usw. Wir wollen uns hier aber auf jene Gruppen beschränken, die ein spezifisch tierrechtlerisches strukturelles Element darstellen.

Mit der Identifizierung der Feinde der Tierrechtsidee ist es natürlich nicht getan. Ziel muss es vielmehr sein, für die strukturellen Hemmnisse, die der Verwirklichung von Tierrechten entgegenstehen, zu sensibilisieren, diese zu beschreiben und zu analysieren, um sie dann wirksam bekämpfen zu können.

# 2. Tierproduzenten und Tierkonsumenten

Tierproduzenten und Tierkonsumenten bilden eine teuflische Allianz zum wechselseitigen Vorteil und zu Lasten der Tiere und zu Lasten der Wahrheit. Die Basis dieser teuflischen Allianz könnte man als Bio-Weltanschauung oder Bio-Philosophie bezeichnen. Besser, ehrlicher und vor allem korrekter ist es aber, diese feige Verschwörung von Tierproduzenten und Tierkonsumenten gegen Tiere beim Namen zu nennen – und der heißt: Bio-Lügen-Märchen.

Paradoxerweise begann alles mit einer sogenannten „Vegetarismus-Debatte": Im Zuge der intensiven öffentlichen Diskussion der Bücher „Tiere essen" von Jonathan Safran Foer (2010) und „Anständig essen" von Karen Duve (2011) hat sich ein breiter gesellschaftlicher Konsens nicht in Richtung „Kein Fleisch!", sondern in Richtung „Weniger Fleisch!" etabliert: Wir seien, so die Lesart dieses neuen „aufgeklärten" Bewusstseins, bisher mit dem Thema Fleisch wohl etwas zu sorglos umgegangen, nun gelte es – frei nach dem Motto „Wir haben verstanden" –, offener, sensibler und verantwortungsvoller zu handeln.

Was kaum jemand bemerkte: Diese neue „Weniger Fleisch!"-Philosophie erwies sich als Glücksfall für die *Fleischindustrie*! Warum? Rinderwahn, Vogelgrippe, Schweinepest, Klimadiskussion, Dioxinskandal – solche Ereignisse, Debatten und Skandale konnten dem Fleischkonsum trotz aller immer wieder auffammenden „Weniger Fleisch!"-Appelle nie wirklich etwas anhaben: Die Konsumenten wichen vorübergehend auf andere, „unbelastete" Tiere aus, Forscher veränderten das Futter von Rindern, um deren Methanausstoß zu verringern usw. – und nach kurzer Zeit war ohnehin wieder alles vergessen. *Faktische Diskussionen* dieser Art, in denen es um menschliche Gesundheit und Ökologie ging, schadeten der Fleischindustrie nie nachhaltig.

Ebensowenig *pseudoethische Diskussionen*, bei denen es angeblich um „Weniger Fleisch!" um der Tiere willen ging. Solchen Forderungen fehlt nämlich jegliche moralische Glaubwürdigkeit und politische Kraft. Das erkennt man sofort, wenn man sie auf Menschen umlegt: Wer, anstatt zu sagen, Foltern und Vergewaltigen sind *falsch*, fordert, dass *weniger* gefoltert und vergewaltigt werden sollte, hat keine plausible Botschaft. (Martin Luther King träumte ja auch nicht von der Aufhebung der Rassentrennung jeden Montag oder jeden Donnerstag!) Deshalb erheben Menschenrechtler auch *nie* Forderungen wie „Weniger foltern!" oder „Weniger vergewaltigen!", weil Foltern und Vergewaltigen natürlich *immer* falsch sind!

Auf einer anderen Ebene, und damit kommen wir zum springenden Punkt, *nützt* „Weniger Fleisch!" der Fleischindustrie sogar! Denn „Weniger Fleisch!" ist de facto ein ausgezeichnetes Vehikel, um *mehr* Fleisch zu verkaufen - weil „Weniger Fleisch!" ein optimaler Aufhänger für Werbe-Elemente ist, die das Fleisch-Image *verbessern:* „bewusster essen", „besser essen", „ökologisch", „biologisch". Zusammenhängend liest sich diese neue Bio-Weltanschauung dann etwa so: Wir müssen als Konsumenten kritischer sein, bewusster essen, weniger, aber dafür besseres Fleisch essen, den Tieren Respekt erweisen - das nützt unserer Gesundheit und schont die Umwelt!

Bemerkenswerterweise ging die Einbettung des Fleischessens in die positiv besetzte Bio-Weltanschauung einher mit einer Entmoralisierung des Fleischessens selbst, und zwar dergestalt, dass die Frage, ob Fleischessen *im Hinblick auf die Tiere* ethisch zu rechtfertigen ist, kaum mehr gestellt wird - und auch kaum mehr verstanden würde. Schließlich gehe es den Tieren sowieso super: bio, öko, Respekt, intakte Natur! Folgerichtig ist das Töten der Tiere - im Gegensatz zur früheren Tierrechte-Diskussion - im Rahmen der Bio-Weltanschauung kein Thema mehr. Wichtig ist nur mehr, dass die Tiere „vorher ein schönes Leben hatten". Und das ist - siehe Bio-Werbung - ja unzweifelhaft der Fall!

Ein paar konkrete Beispiele für diese Entmoralisierung des Fleischessens (und gleichzeitig des Vegetarismus bzw. Veganismus):

- In einer großen Verlagswerbung für das Buch von Karen Duve wurde der „radikale Verzicht auf die Moralkeule" gelobt. Der Einwand, dass Menschenrechtler *immer* mit der „Moralkeule" operieren, würde mittlerweile wohl automatisch unter „Verrücktes" verbucht.

- „Man muss kein Vegetarier sein, um fleischloses Essen zu genießen", lautet eine vermeintlich liberale Devise. Soll heißen: Nicht so verbissen, liebe Leute, es geht doch auch total undogmatisch – Hauptsache, es schmeckt!

- „Ich bin kein Vegetarier. Aber ich liebe Veggie." Mit diesem Slogan warb „Spar" für seine vegetarische Produktlinie. Man erweitert das Sortiment um das vegetarische Segment bei gleichzeitiger „ethischer Kastrierung" des Vegetarismus. So werden neue Kunden gewonnen, ohne alte zu verunsichern.

- Bezeichnend auch die Strategie, das Nicht-Fleischessen unter Lustfeindlichkeit zu subsumieren: „Die Trias aus Nichtrauchen, Nichttrinken und Nichtfleischessen repräsentiert am deutlichsten jene Abstinenzmentalität, die sich wachsender gesellschaftlicher Zustimmung erfreut", heißt es in einem „Zeit"-Artikel zum Thema „Verbotene Leidenschaften".

- Beliebt und wirksam: die Heimat- bzw. Kindheits-masche, etwa so: Der Duft vom warmen Leberkäse weckt Erinnerungen an eine längst vergangene Zeit ...
- Die tierethisch wohl brutalste Entmoralisierung des Fleisch- bzw. Tiere-Essens: Wenn Begriffe wie „ethisch", „moralisch" oder „gutes Gewissen" auf-tauchen, sind sie meist (nur) im Sinne von *gesundheit-lich* oder *ökologisch* unbedenklich gemeint!
- Die verheerendste Erscheinungsform der Entmora-lisierung des Fleischessens ist das Opportunisten-Cre-do „Essen ist Privatsache!", idealtypsch vertreten von Grünen-Politikern: Wir wollen niemandem etwas vorschreiben, jeder soll nach seiner Fasson glücklich werden! „Essen ist Privatsache" ist so ziemlich das Gegenteil des Tierrechts-Slogans „Fleischesser sind Mörder!".
- Die für mich schockierendste Manifestation der Entmoralisierung des Fleischessens ist jene, bei der das Fleischessen als Ausdruck widerständigen Indivi-dualismus oder gar politischen Revoluzzertums be-griffen wird. Im Folgenden ein schauerliches Zitat: Die französische Schauspielerin Fanny Ardant (2019, S. 129 f.) erklärt im „Spiegel"-Interview:

„Ich hasse die Idee, sich extensiv um den eigenen Kör-per zu kümmern. Ich hasse auch diese Dialoge, die man neuerdings führt: Huch, du isst Fleisch. Huch, du trinkst Wein. Auf keinen Fall Gluten essen. Das ist doch fürchterlich. Ich mag die Gainsbourgs dieser Welt, Leute, die gefährlich leben. Und deshalb esse ich Fleisch und trinke Wein und Bier."

Auf die Frage, warum sie so aggressiv auf den Versuch, gesund zu leben, reagiere: „Weil ich diese neue Gesellschaftsordnung, die sich da abzeichnet, nicht mag. Es wird vorgegeben, was man machen, essen, tun sollte." Schließlich:

„Diese ganze Political Correctness geht mir total auf die Nerven. (...) Je puritanischer eine Gesellschaft sich verhält, desto gefährlicher wird es. Es gibt keine politischen Dogmen mehr, aber stattdessen breitet sich unterschwellig etwas anderes aus – eine neue Definition dessen, was gut und was schlecht ist. Ich mache da nicht mit."

Das Entscheidende an der Bio-Weltanschauung, hier vielleicht besser: an der Bio-Wahrnehmung, ist, dass sie kaum etwas mit der Wirklichkeit zu tun hat, ihr Realitätsgehalt tendiert gegen Null. *Wie* falsch und verlogen diese Weltsicht ist, lässt sich anhand von zwei Punkten drastisch veranschaulichen: Erstens suggeriert die Werbung mit ihren typischen Bio-Bildern, dass praktisch alle Tiere unter Bio-Bedingungen leben. (Dass eine Bio-*Schlachtung* nicht nur begrifflicher Unsinn ist, sondern auch „Bio-Tiere" de facto „normal" geschlachtet werden, sei nur nebenbei erwähnt.) Der gefühlte Bio-Faktor beträgt also hundert Prozent. Zweitens: Der reale Bio-Anteil an der Fleischproduktion liegt – Corona-bedingt – unter vier Prozent. (Biofleisch boomt in der Coronakrise, 2021, Deutsche kaufen mehr Biofleisch, 2021) Vor Corona lag er unter zwei Prozent! Hinzu kommt, dass selbst die Bio-Richtlinien mit den Bio-Bildern praktisch nichts zu tun haben.

Dass sowohl die Tierproduzenten als auch die Tierkonsumenten das Bio-Lügen-Märchen vehement fördern und verbreiten, liegt auf der Hand: die Ersteren profitieren finanziell, die Letzteren „moralisch" – in Form eines guten Gewissens. Wirklich skandalös ist, dass Politik und Gerichte diese Lügen wider besseres Wissen einfach „durchwinken". Bedenkt man, dass Tierschutz seit 2002 in Deutschland Staatsziel ist, aber dennoch immer Mittel und Wege – und seien sie noch so krumm oder noch so konstruiert – gefunden werden, um jede denkbare Quälerei und Gemeinheit gegenüber Tieren rechtlich irgendwie abzusichern, verwundert auch das natürlich nicht wirklich.

Die Bio-Weltanschauung beinhaltet eine tragische Pointe, die mir schon vor längerer Zeit aufgefallen war, mir aber erst beim Lesen von Romain Leicks (2019) Besprechung einer Biografie der Frankfurter Schule (nämlich Stuart Jeffries' „Grand Hotel Abgrund") wirklich klar wurde. Darin schreibt Leick (S. 118):

„In der Frankfurter Schule breitete sich ein neuer, pessimistischer Marxismus aus, weil die Voraussetzung für eine neue Gesellschaft, die Zunahme an Bewusstsein der Arbeiterklasse, unter den veränderten Bedingungen der Moderne gar nicht mehr möglich war."

Der Gedanke, der mir dabei klar wurde, ist eigentlich keine tragische Pointe, sondern vielmehr eine wirkliche Tragödie: So wie dem Marxismus der Motor für gesellschaftliche Veränderungen abhanden kam, weil die Arbeiter nicht gegen die Kapitalisten revoltieren wollten, sondern möglichst selbst Kapitalisten oder zumindest „Konsumisten" werden wollten, so kam der Tierrechtsbewegung der Motor für gesellschaftliche Veränderungen abhanden, weil die Bio-Weltanschauung = Bio-Lüge die skandalöse Realität weglügt bzw. unsichtbar macht. Und gegen nicht wahrgenommene Missstände wird nicht demonstriert, geschweige denn rebelliert.

Inzwischen wurde die Bio-Weltanschauung und -Folklore noch massiv „upgegradet" bzw. universalisiert: Neben dem ehedem moralisch potenziell problematischen Fleisch (jetzt: „Biofleisch") wurden zwei weitere imagemäßige Sorgenkinder auf die Ebene moralischer Unbedenklichkeit gehoben: Jagd und Pelz. In den Anfangsjahren der Tierrechtsbewegung standen Jagd und Pelz in der öffentlichen Meinung schon knapp vor dem moralischen Aus. Beide erholten sich vom schlechten Image zwar überraschend gut, blieben aber dennoch moralische Abstiegskandidaten. Mit einer erweiterten bzw. integrierten Bio-Philosophie lassen sich nun alle drei Bereiche – Fleisch, Jagd, Pelz – argumentativ elegant und v. a. „nachhaltig" auf moralisch sicheres Gelände retten: *Fleisch* von Tieren, die ein glückliches Leben hatten? Da ist Fleisch von Tieren, die bis zu ihrem Tod in der freien Natur lebten, schlicht die Ideallösung! Und was heißt vor diesem Hintergrund schon *„Jagd"*? „Tötung in gewohnter Umgebung" trifft die Sache doch viel besser! Und dass das automatisch anfallende Beiprodukt *Pelz* auch genutzt wird – alles andere wäre ein ökologischer Frevel!

# 3. Tierideologen

## 3.1 Denk- und Diskussionsverweigerung, Einschränkung der Meinungs- und Wissenschaftsfreiheit

Die Themen bzw. Phänomene, die seit einiger Zeit das Feuilleton bestimmen, politische Korrektheit, Identitätspolitik und Cancel Culture, haben die Tierrechtsdebatte und -bewegung besonders früh erfasst – und mit ihnen der größte gemeinsame Kollateralschaden dieser Phänomene: Aus der Sicht der Kritiker: Meinungsdiktatur, Rede-, Denk- und Diskussionsverbote, zurückhaltend formuliert: Denk- und Diskussionsverweigerung, Einschränkung der Meinungs- und Wissenschaftsfreiheit.

Das Konzept der sogenannten *politischen Korrektheit* kam in den 1980er-Jahren in kalifornischen Universitätskreisen auf und richtete sich zunächst gegen den „westlich-chauvinistischen" Fokus in den Kulturwissenschaften: Es sollte sich nicht länger alles um die Werke toter, weisser, europäischer Männer drehen. Im Zentrum stand die Forderung, jegliche Diskriminierung – sei es nach Geschlecht, Herkunft, Fähigkeiten, sexueller Orientierung oder religiösem Bekenntnis zu vermeiden bzw. beenden. Da es vor allem die sprachliche Ebene ist, auf der sich das kollektive Denken und die soziale Kommunikation abspielen, sollte hier der bewusstseinsbildende Hebel angesetzt werden: Der friedfertige, respektvolle zwischenmenschliche Umgang sollte sich in einer Sprache manifestieren, die frei von rassistischen, sexistischen, antisemitischen und homophoben Wörtern ist. (Gächter, 2019, S. 30 f.; vgl. Garton Ash, 2016, S. 237 f.)

Eine sympathische Idee und gesellschaftliche Entwicklung, bei der allerdings auch auf der Hand liegt, dass sie bei jenen, die Macht und Einfluss verlieren, nicht auf ungeteilte Zustimmung stößt. Immer mehr gesellschaftliche Gruppen erheben Anspruch auf Respekt und Berücksichtigung: Anghörige indigener Völker, Menschen mit fremdländischer Abstammung, mit anderer Hautfarbe, nichtchristlichem Bekenntnis, nichtheterosexueller Orientierung usw. Aber nicht nur Minderheiten sehen gesellschaftlichen Korrekturbedarf, sondern auch Frauen. (Gächter, 2019, S. 31) Folge dieser immer weiter gehenden Differenzierung ist einerseits, dass es immer anstrengender und aufwendiger wird, sich politisch korrekt auszudrücken, andererseits aber auch immer „gefährlicher", sich zu den betroffenen Menschen und Themen zu äußern, da man stets Gefahr läuft, sich missverständlich, falsch oder respektlos auszudrücken. Einen Tiefpunkt dieser

Entwicklung markiert wohl, dass die New York Times aus Gründen der politischen Korrektheit die politische Karikatur abgeschafft hat. (Becker, 2019, S. 117)

Im aufgeheizten Meinungsklima, das die Forderung nach politischer Korrektheit schafft, wird es insbesondere im universitären Bereich immer schwieriger, normale Diskussionen zu führen. Lehrende beklagen Sprechverbote und Studentengruppen fühlen sich schon gekränkt, wenn Lehrveranstaltungen zu Kant, Humboldt oder Rousseau auch nur angeboten werden - weil deren Thesen nicht zum heutigen Menschen- und Frauenbild passen. (Hödlmoser, 2020)

Timothy Garton Ash (2016, S. 239) warnt: Je mehr und öfter Professoren fürchten, mit Stoffen, die Einstellungen zu anderen Zeiten und an anderen Orten widerspiegeln, die Studentenschaft zu verletzen, desto mehr werden sie dazu neigen, diese Stoffe erst gar nicht anzubieten.

Auch an deutschen Universitäten bewerten immer mehr Hochschullehrer das Meinungsklima als intolerant. Eine Umfrage des Instituts für Demoskopie Allensbach ergab, dass fast ein Drittel der Lehrenden im Hinblick auf politische und religiöse Fragen sowie beim Thema Gendergerechtigkeit ein intolerantes Meinungsklima beklagten. Der Deutsche Hochschulverband sah sich veranlasst, in einer Resolution zu fordern, dass jeder Student und jede Studentin sowie alle Wissenschaftler und Wissenschaftlerinnen ihre Ansichten „ohne Angst" zur Diskussion stellen können müssen. (Hödlmoser, 2020) Die Präsidentin der Universität Frankfurt beklagt, dass der „zwanglose Zwang des besseren Arguments immer radikaler infrage gestellt wird". (Hartung, 2019, S. 1)

In einem programmatischen „Spiegel"-Beitrag erläutert Francis Fukuyama anschaulich, was unter *Identitätspolitik* zu verstehen ist (Fukuyama, 2018): In den 1960er-Jahren entstanden in den liberalen Demokratien machtvolle neue gesellschaftliche Bewegungen: In den USA pochte die Bürgerrechtsbewegung auf die Einhaltung des in der Unabhängigkeitserklärung und in der Verfassung verankerten Gleichheitsgrundsatzes, bald danach forderten die Frauen Gleichbehandlung. Parallel verlaufende soziale Umwälzungen revolutionierten das Sexual- und Familienleben, die ökologische Bewegung veränderte die Einstellung und den Umgang mit der Natur. Es folgten Bewegungen, die sich für die Rechte von behinderten Menschen, ethnischen Minderheiten, homosexuellen Männern und Frauen sowie Transgendern engagierten. (Ebenda, S. 121)

All diese Gruppen standen vor der Wahl, einen weiteren oder einen engeren Identitätsbegriff für sich zu beanspruchen: dass ihre Mitglieder gleich wie die Angehörigen der dominierenden gesellschaftlichen Gruppen behandelt werden sollten oder aber ihre besondere Identität von der Mehrheitsgesellschaft respektiert werden sollte. Im Laufe der Zeit setzte sich fast überall die zweite Forderung durch. Zwei Beispiele: Martin Luther King forderte lediglich, dass Schwarze so behandelt werden sollten wie Weiße. Ende der Sechzigerjahre betonten Gruppen wie die Black Panthers oder die Nation of Islam die eigene Identität und die eigenen Traditionen schwarzer Bürger. Eine ähnliche Entwicklung gab es in der Frauenbewegung. Im Vordergrund stand zunächst die Forderung nach Geichstellung der Frauen etwa bei der Arbeit, in der Familie und vor Gericht. Aber von Anfang an gab es auch Feministinnen, die das weibliche Selbstverständnis und die grundsätzlich unterschiedlichen Lebenserfahrungen von Frauen und Männern betonten. (Ebenda, S. 121 f.)

Generell begriffen immmer mehr marginalisierte Gruppen, wie wichtig gelebte Erfahrung für ihren Kampf sein kann – und forderten nicht nur Gleichbehandlung, sondern auch ausdrückliche Anerkennung der Unterschiede zwischen den Minderheiten und der Mehrheitsgesellschaft bzw. zwischen Frauen und Männern. „Multikulturalismus", bisher bloß ein Prädikat für vielfältige Gesellschaften, steht jetzt für das politische Programm, dass jede Kultur und jede gelebte Erfahrung respektiert und geschätzt werden soll und der Fokus der Aufmerksamkeit auf diejenigen gerichtet werden soll, die früher unsichtbar oder unterbewertet waren. (Ebenda, S. 122)

Die Linke wandte sich dem Multikulturalismus in genau dem Moment zu, als ein groß angelegter sozioökonomischer Wandel immer schwieriger wurde: Die dogmatische Linke war in der ersten Hälfte des zwanzigsten Jahrhunderts durch den revolutionären Marxismus und den radikalen Egalitarismus definiert. Die sozialdemokratische Linke akzeptierte die liberale Demokratie, wollte aber den Wohlfahrtsstaat ausbauen. Marxisten wie Sozialdemokraten setzten auf ökonomische Gleichheit. Die kommunistschen Gesellschaften in der Sowjetunion und in China entpuppten sich als Diktaturen, die Sowjetunion zerbrach, China öffnete sich marktwirtschaftlich und das Programm Wohlfahrtsstaat der sozialdemokratischen Linken prallte auf fiskalische Zwänge. In dieser Krise wandte sich die Linke der Identitätspolitik und dem Multikulturalismus zu. Die Forderung nach Gleichheit blieb, aber an die Stelle der Arbeiterschaft trat der immer größer werdende Kreis ausgegrenzter Gruppen. (Ebenda, S. 122 f.) Neben der identitätspolitischen Linken gibt es aber sehr wohl noch die traditionelle, u. a. menschenrechtsorientierte „demokratische" Linke. (Assheuer, 2020, S. 57)

Mark Lilla, so etwas wie der Prophet der amerikanischen Linken, beklagt in seinem Buch „The Once and Future Liberal. After Identity Politics" die Identitätspolitik: Die einst stolzen und fortschrittlichen „Liberals" (zu denen er sich selbst zählt) sind zu Verlierern geworden, weil sie keine für eine Mehrheit begreifliche Vorstellung mehr davon vermitteln können, wie das Land aussehen sollte. Anstattdessen vollzieht sich ein

Rückzug auf eigene Befindlichkeiten und gesellschaftliche Nischen. Es wird etwa behauptet, als Nicht-Afroamerikaner können wir ohnehin nicht ermessen, wie es sich anfühlt, als schwarzer Autofahrer von der Polizei angehalten zu werden. „Politik des Narzissmus" nennt das Lilla. Die Identitätspolitik wird von der Annahme bestimmt, dass jeder nur aus seiner eigenen Perspektive sprechen kann, die Sorgen, Verletzungen und Sensibilitäten anderer Gruppen nicht verstehen kann und daher dazu schweigen sollte. Das macht jedes Gespräch, jeden Austausch, jede Diskussion, jede Politik unmöglich. (Oehmke, 2018, S. 20) Diskussionen setzen Redefreiheit und Meinungsvielfalt voraus. Dass der Identitätspolitik vorgeworfen wird, Redeverbote zu erteilen und Meinungsterror zu betreiben (Assheuer, 2020, S. 57), ist also gut nachvollziehbar.

In seinem Beitrag „Kollektive Zensur" erläutert der Politikwissenschaftler Yascha Mounk (2020) die sogenannte *Cancel Culture*. Im Subtext zum Artikel heißt es: „Wer die ‚Cancel-Culture' nicht ernst nimmt, schaue in die USA: Dort werden nicht nur falsche Meinungen, sondern auch Falschmeinende bekämpft. Eine Warnung." (Ebenda, S. 13)

Mounk berichtet über seine Begeisterung angesichts der lebendigen Debattenkultur, die er 2007 in den USA und konkret in Harvard antraf: Fast jede politische Position wurde vertreten und streitlustig verteidigt. Davon sei nur mehr wenig übrig: Unpopu-

läre Meinungen werden nur noch hinter vorgehalte-
ner Hand geäußert und viele fürchten, wegen miss-
liebiger Standpunkt ihren Job zu verlieren oder keine
Aufträge mehr zu bekommen. Um welche Menschen
handelt es sich da, die solch „gefährliche" Meinungen vertreten? Um linksliberale, kosmopolitisch ein-
gestellte Menschen, die in Deutschland wohl Angela
Merkel oder die Grünen wählen würden. Unter dem
Regime der Cancel Culture hat man rasch eine falsche Meinung: (Ebenda)

„Oft reicht es schon, Nuancen von der identitätspolitischen Orthodoxie abzuweichen: Diese kritisiert
nicht nur, dass Bevölkerungsgruppen, von Schwarzen
bis hin zu Transsexuellen, aufgrund ihrer Identität
diskriminiert werden ... - vielmehr schreibt sie auch
eine Antwort auf diese Ungerechtigkeiten vor, die mit
den universalistischen Prinzipien der traditionellen
Linken bricht. Demnach soll jeder Mensch in erster
Linie als Repräsentant seiner Gruppe wahrgenommen
werden. Mitglieder dominanter Gruppen haben kein
Recht, Mitglieder dominierter Gruppen zu kritisieren." (Ebenda)

Der Schriftsteller Jonathan Rauch erläutert den Unterschied zwischen legitimer, zuweilen auch harscher
Kritik einerseits und freiheitsfeindlicher Zensur andererseits: Kampagnen, die der zweiten Kategorie zuzu-

ordnen sind, wenden sich nicht (nur) gegen bestimmte Aussagen, sondern wollen auch die vermeintlich Schuldigen, die sie tätigen, bestrafen. Es geht nicht um Gegenargumente, sondern darum, bestimmte Positionen durch Zensur oder Auftrittsverbote aus der Öffentlichkeit zu verbannen. Kritik wird nicht in eigenem Namen formuliert, sondern es werden kollektive Schuldzuweisungen und öffentliche Boykotte organisiert. Und: Auch den Verteidigern oder Unterstützern der „Falschmeinenden" werden Konsequenzen angedroht. (Ebenda)

Mounk entläßt die Leserinnen und Leser mit zwei Warnungen bzw. Prophezeiungen (ebenda):

- Setzt sich das Prinzip, dass ein paar Aktivisten einen Künstler oder Schriftsteller für unakzeptabel erklären können, durch, schadet das der öffentlichen Diskussion erheblich.
- Versäumen es die Demokraten, sich konsequent für die Meinungsfreiheit einzusetzen, profitieren davon letztlich die Feinde der Demokratie.

Scharfe Kritik an der einreißenden Unsitte, Auftrittsmöglichkeiten zu verweigern („No-Platforming"), verbunden mit einem eindringlichen Plädoyer für die Redefreiheit formuliert auch Timothy Garton Ash (2016, S. 240):

„Es sind doch gerade Universitäten, die der größtmöglichen Bandbreite an einflussreichen und kontroversen

Ansichten eine Plattform bieten sollten, um diesen dann mit höflicher, robuster und gut informierter Kritik zu begegnen. ( ... ) Im Interesse einer qualitativ hochwertigen Debatte sollte sich der Campus einer Universität – wie der Plenarsaal eines demokratischen Parlaments – durch eine zivilisierte Selbstregulation der Redefreiheit auszeichnen."

In ihrem Artikel „Wer darf hier was sagen?" beschäftigt sich die Philosophin Maria-Sibylla Lotter (2018) mit der Frage, wie es um die Meinungsfreiheit an deutschen Universitäten steht. Lotter berichtet von einem Seminar und einer Vortragsreihe an der Universität Siegen. Bei den Veranstaltungen sollen, ausgehend von John Stuart Mill, die Grenzen der Meinungsfreiheit untersucht werden. Auf organisatorische und personelle Einzelheiten soll hier nicht näher eingegangen werden, erwähnt sei aber, dass auch Thilo Sarrazin angefragt wurde und die Einladung angenommen hat. (Lotter, 2018, S. 66)

Allgemein herrscht die Auffassung vor, dass man „Rechte" nicht durch eine Einladung an die Universität aufwerten sollte. Seit die CDU unter Bundeskanzlerin Merkel weit nach links gerückt ist, steht „rechts" aber nicht mehr, wie früher, als neutraler Ausdruck für „konservativ" (im Unterschied zu „progressiv). Aber wer irgendwie mit „rechts" assoziiert wird, ist erledigt – und schon auf eine abschüssige Bahn in Richtung Neonazi geraten. Deshalb hält man es bei der Uni Siegen auch für angebracht, sich ausdrücklich von den politischen Positionen Sarrazins zu distanzieren. Gleichzeitig wird - nach negativen Presseberichten - die Wichtigkeit der Meinungsfreiheit betont. (Ebenda)

„Woher kommt diese Ängstlichkeit im Umgang mit Meinungen, die die Mehrheit ablehnt? Sie zeigt ..., dass sich an der Universität mittlerweile die Haltung verbreitet hat, die Mill als konformistische Bedrohung der Freiheit beschreibt. Die Wertschätzung einer Konfrontation mit stark abweichenden Meinungen ist spürbar zurückgegangen, das Spektrum zulässiger Meinungen und einer zulässigen Sprache hat sich verengt.

Schnell kann es passieren, dass eine wissenschaftliche Diskussion nicht mehr möglich ist, sobald Äußerungen den Verdacht aufkommen lassen, dass der Vortragende möglicherweise nicht die richtige politische Gesinnung hat. Dann richtet sich die Kritik nicht mehr auf die Stringenz der Argumentation ..., sondern wird in der Terminologie einer manichäischen Zivilreligion artikuliert, als Warnung vor ‚Beifall von der falschen Seite' oder ‚rechtem', also bösem Gedankengut formuliert." (Ebenda)

Noch einmal zurück zur deutschen „Sondersituation" in Bezug auf „rechts", diesmal  nicht aktuell-politisch (Merkel), sondern „historisch-fundamental". Ulrich

Greiner (2018, S. 46) weist darauf hin, dass in Deutschland – historisch bedingt – das in allen Demokratien übliche politische Spektrum von rechts, konservativ, liberal und links beschädigt ist. Folge: Die schärfste Waffe im politischen Meinungsstreit ist der Vorwurf, rechts zu sein. Wem es zuerst gelingt, dem Gegner das Prädikat „rechts" umzuhängen, hat gewonnen:

„Konservativ genannt zu werden, mag man sich noch gefallen lassen, während rechts zu sein sich jedem verbietet, der kein politischer Abenteurer ist. Das Rechte ist das ein für alle Mal Böse .... Man könnte auch sagen: Rechts ist all das, was diejenigen, die auf der richtigen Seite stehen wollen, nicht sind." (Ebenda)

René Schlott (2020) nimmt die Meinungsfreiheit im Internet ins Visier. Er berichtet, dass im Mai 2020 beim Online-Portal L.I.S.A., einem der anerkanntesten Wissenschaftsportale im deutschen Sprachraum, erstmals ein Beitrag nach wenigen Tagen wieder gelöscht wurde, „aufgrund von Reaktionen unserer Leserinnen und Leser", so L.I.S.A. Genauer: der inkriminierte Text, ein Interview über politische Korrektheit, hatte zu einem Shitstorm in den sozialen Netzwerken geführt, bei dem nicht nur die interviewten Autoren, sondern auch das Portal als „irgendwie rechts" gebrandmarkt wurden. Der Kommunikationswissenschaftler Michael Meyen von der Universität München stellte im Juni

2020 seinen Blog ein, nachdem ein Beitrag ähnliche Vorwürfe nach sich gezogen hatte. Solche Selbstzensur würgt, so René Schlott, die Debatte ab. Er kritisiert die vorauseilende Vorsicht gegenüber der zur Empörung neigenden Netzgemeinde – und plädiert eindringlich für eine historische Initiative pro Meinungs- und Wissenschaftsfreiheit: (Schlott, 2020, S. 37)

„Das auf Anpassung ausgelegte System braucht eine neue 68er-Bewegung wider den Konformismus. Die vom Grundgesetz garantierte Meinungs- und Wissenschaftsfreiheit ist nicht selbstverständlich, wie ein Blick in andere europäische Länder zeigt. Diese Freiheiten müssen bis an die verfassungsrechtlich zulässigen Grenzen des Meinungsspektrums genutzt werden können, sonst verkümmern sie." (Ebenda)

Abschließend ein historisches Kuriosum: Der linke Soziologe Thomas Wagner stellt fest, dass viele linke Positionen und Aktionsformen von den Rechten übernommen wurden: die Forderung nach mehr direkter Demokratie, die Kritik an Medien, Religion und Establishment – und zum Teil auch am Kapitalismus. (Soboczynski, 2017, S. 35) In die selbe Kerbe schlägt Thomas Hödlmoser (2020), wenn er feststellt, dass ausgerechnet Rechtspopulisten und Rechtsextremisten heute als Verteidiger der Meinungsfreiheit auftreten. Ähnlich, aber aus anderer Perspektive: Timothy Garton

Ash (2017, S. 43) beklagt, dass das Eintreten für Redefreiheit, vormals ein Anliegen der Liberalen, heute zunehmend als Sache der Rechten angesehen wird. Umgekehrt beklagt Johanne Schloen (2017, S. 16), dass Linke gerade betreiben, was die 68er „in den Widerstand gegen das Establishment getrieben hat: Totschweigen!"

## 3.2 Holocaustvergleich

### 3.2.1 Darstellung

Treffen die mit politischer Korrektheit, Identitätspolitik und Cancel Culture einhergehende Denk- und Diskussionsverweigerung sowie Einschränkung der Meinungs- und Wissenschaftsfreiheit auf ein sensibles, komplexes und missverständliches Thema, sind negative Konsequenzen unausweichlich: weil wichtige Fakten, Zusammenhänge, Implikationen und Differenzierungen nicht hinreichend gewürdigt oder, noch schlimmer, erst gar nicht wahrgenommen werden. Genau dies war und ist beim sogenannten „Holocaustvergleich" der Fall.

Worum es dabei geht, soll anhand des „Spiegel"-Artikels „Ein Krieg für Tiere" (Goos, 2004) dargestellt werden. Gegenstand des Textes ist die Kampagne „Der Holocaust auf Ihrem Teller" der Tierrechtsorganisation Peta. „In ihrer jüngsten Aktion vergleichen sie die Massentierhaltung mit dem Holocaust", heißt es im Subtext. Die Kampagnenmotive werden so beschrieben:

„Ausgemergelte, auf einen Haufen geworfene Menschenleiber gegen tote Schweine; Häftlinge auf Pritschen gegen Hühner in einer Legebatterie; Frauen und Kinder in KZ-Kleidung hinter Stacheldraht gegen junge Schweine hinter Gittern - Hühnerfarmen gegen Auschwitz."

Die zentralen Kampagnenzitate stammen vom jüdischen Literatur-Nobelpreisträger Isaac B. Singer und von Theodor W. Adorno. Sie lauten: „Für die Tiere sind alle Menschen Nazis; für sie ist jeden Tag Treblinka." „Auschwitz fängt da an, wo einer im Schlachthof steht und sagt: ‚Es sind ja nur Tiere.'" Kampagnenleiter Harald Ullmann erinnert daran, dass Bernhard Grzimek Hühner aus Legebatterien als „KZ-Hühner" bezeichnet hat. Und sagt: „Wir vergleichen Tiere und Menschen nur da, wo's gleich ist: bei der Leidensfähigkeit."

Zwei zentrale Zahlen der Aktion, genauer gesagt *eine* zentrale Zahl der Aktion: „Zwischen 1938 und 1945 starben zwölf Millionen Menschen im Holocaust." Und: „Genauso viele Tiere werden für den menschlichen Verzehr jede Stunde in Europa getötet." Im „Spiegel"-Artikel wird auch von Petas Ersuchen an den Präsidenten des Zentralrats der Juden in Deutschland, Paul Spiegel, um ein paar wohlwollende Zeilen für die Aktion berichtet. Der aber ließ nur ausrichten, dass er, sollte die Ausstellung in Deutschland starten, Peta verklagen werde. Die Kampagne sei „menschenverachtend" und „eine Beleidigung der Opfer". Danach heißt es im „Spiegel"-Text:

„Die Sache ist kompliziert, jedenfalls in Deutschland."

Soweit der Holocaustvergleich, dargestellt anhand der beschriebenen Peta-Kampagne. Der Hauptvorwurf, der dem Holocaustvergleich bzw. denen, die ihnen verwenden, gemacht wird, ist, dass er den Holocaust relativiere bzw. verharmlose. Dieser Vorwurf wird nun aber nicht, wie man annehmen könnte, primär von außen erhoben, gerichtet gegen die Tierrechtsbewegung und ihre Befürworter. Der Relativierungs- bzw. Verharmlosungsvorwurf wird (im deutschsprachigen Raum) vor allem innerhalb der Tierrechtsbewegung als Totschlagargument verwendet („rechts", „rechtsextrem", „Nazi"). Um diese politisch-interne Ebene soll es hier aber nur am Rande gehen. Zunächst und vor allem soll es um die faktische und philosophische Ebene gehen.

Wir sagten oben: Treffen Denk- und Diskussionsverweigerung sowie Einschränkung der Meinungs- und Wissenschaftsfreiheit auf ein sensibles, komplexes und missverständliches Thema, sind negative Konsequenzen unausweichlich: weil wichtige Fakten, Zusammenhänge, Implikationen und Differenzierungen nicht hinreichend gewürdigt oder, noch schlimmer, erst gar nicht wahrgenommen werden. Genau so ein Thema ist der Holocaustvergleich.

### 3.2.2 Nicht berücksichtigte Fakten, Zusammen- hänge, Implikationen und Differenzierungen

### 3.2.2.1 International ist der Holocaustvergleich gang und gäbe

- Charles Patterson (2002) schrieb ein Buch mit dem unzweideutigen Titel „Eternal Treblinka: Our Treat- ment of Animals and the Holocaust". Auf dem Klappentext prophezeit Jane Goodall dem Buch einen langen Weg in Richtung Bewusstmachung und Ausgleichung des fürchterlichen Unrechts, das Menschen im Laufe der Geschichte Tieren angetan haben. Und sie ersucht eindringlich, das Buch zu lesen und über seine wichtige Botschaft ernsthaft nachzudenken.
- Im Video „Natalie Portman video for PETA compa- res animal treatment to Holocaust" in Anerkennung von Isaac B. Singer stellt die Schauspielerin mehre- re Zitate des Literatur-Nobelpreisträgers vor, unter anderem: „Wir tun Gottes Geschöpfen an, was die Nazis uns angetan haben." (Übers. von HFK).

- Unter der Überschrift „We are all Nazis when it co-mes to animal rights" gibt Sam de Brito (2014) in „The Sydney Morning Herald" einen Schnellkurs in Sachen Tierrechtsphilosophie und -perspektive.
- Eine unaufgeregte, ausgewogene, intellektuell red-liche und sachlich differenzierte Analyse zur Frage, ob der Missbrauch von Tieren mit dem Holocaust verglichen werden sollte, nimmt Richard H. Schwar-ta (o. J.) auf einer Seite der „Jewish Vegetarians of North America" vor.
- Die australische Malerin Jo Frederiks (2019) setzt den Holocaustvergleich in ihren Bildern auf eine Weise in Szene, nämlich explizit und drastisch, die im deutschsprachigen Raum undenkbar wäre: Schafe trotten auf dem Gleis in Richtung Haupttor des KZ Auschwitz, Kühe mit Decken in Sträflingsmuster und gelbem Stern sieht man vor blutverschmierter Wand und vor bereits getöteten Artgenossinnen.
- Philip Wollen, ehemaliger Vizepräsident der Citi-bank, eröffnete eine Ausstellung mit unter anderen eben diesen Bildern Jo Frederiks´ (2014) in Austra-lien.
- Alex Hershaft (2018) beschreibt seinen Lebensweg, der ihn vom Holocaust zu Tierrechten führte, und sein moralisches Leitmotiv, jene Geisteshaltung zu bekämpfen, die sowohl den Verbrechen gegenüber Menschen als auch den Verbrechen gegenüber Tieren zugrundeliege.

- An der Tel Aviv University gewährt Hershaft (2015) einen tieferen Einblick in sein eindrucksvolles Leben und beschreibt die angesprochene speziesübergreifende destruktive menschliche Geisteshaltung ausführlicher. Und er berichtet von seinem Schlüsselerlebnis beim oben, 3.2.1, erwähnten Singer-Zitat.
- In „Holocaust-Überlebender Dr. Alex Hershaft" (2017) zeigt Hershaft viele faktische, psychologische, moralische und historische Parallelen zwischen der Behandlung von Menschen im Holocaust und unserer heutigen Behandlung von Tieren auf, sieht aber das psychologische und moralische „Einfallstor" für die diskriminierende, grausame Behandlung anderer in unserem Umgang mit Tieren.
- Das „Jewish Journal" berichtet unter der Überschrift „Comparing animal rights and the Holocaust" über eine Protestaktion vor einem Schlachthaus in der kalifornischen Stadt Vernon, an der Alex Hershaft teilnahm. (Pfefferman, 2012)
- Eyal Megged (2015) bechreibt und analysiert in der israelischen Zeitung „Haaretz" die Reaktionen der Menschen auf den Holocaustvergleich. Sein Ergebnis: Der Holocaustvergleich wird von denen, die ihn ablehnen, als effiziente Methode instrumentalisiert, um von den fürchterlichen Verbrechen, für die wir verantwortlich sind, abzulenken und die Aufmerksamkeit auf die vergleichsweise harmlose Ebene dessen zu lenken, was uns angetan wurde. Mit anderen

Worten: Der Holocaustvergleich wird als Methode missbraucht, um sich selbst vom Verbrecher zum Opfer zu verwandeln. Meggeds Fazit: Wenn ein Holocaustüberlebender (Alex Hershaft, der sich gerade auf Vortragsreise in Israel befand) zugeben kann, dass es einen Tier-Holocaust gibt, dann können wir das auch. International ist der Holocaustvergleich also gang und gäbe und es gibt eine rationale Diskussion zum Thema.

### 3.2.2.2 „Mensch-Tier-Vergleiche gehen gar nicht!"

Im Zusammenhang mit dem Holocaustvergleich taucht oft die Formel „Mensch-Tier-Vergleiche gehen gar nicht!" auf, und zwar im Sinne einer quasi (moralischen) Selbstverständlichkeit, deren Missachtung einen groben und gefährlichen Angriff auf die Menschenwürde darstellt. Der Holocaustvergleich wird oft als Beispiel bzw. Spezialfall der „Unsitte", Mensch-Tier-Vergleiche anzustellen, betrachtet. Wie auch immer, folgende wichtige Punkte gehen hier in Ermangelung einer offenen, rationalen Diskussion vollkommen unter:

*1) Mensch-Tier-Vergleiche sind bei Tierethik und Tierrechtsphilosophie systemimmanent.* Ohne Mensch-Tier-Vergleiche keine Tierethik und keine Tierrechtsphilosophie!

Wer also Mensch-Tier-Vergleiche verbietet, verbietet auch Tierethik und Tierrechtsphilosophie. Eine Maßnahme, die bei Lichte besehen niemand wollen kann. Die Wissenschaft nicht, die Philosophie nicht, die Ethik nicht. Selbst jene nicht, denen es de facto um die optimale kommerzielle Nutzung von Tieren und Tierprodukten geht: Der Hinweis auf strenge und stets verbesserte ethische Tierschutzstandards ist integrierender Bestandteil der Vermarktungs- und Rechtfertigungkonzepte derer, die Tiere nutzen oder Tierprodukte verkaufen möchten, etwa der Tierversuchs- und Fleischindustrie.

*2) Beim Holocaustvergleich geht es gar nicht primär um Mensch-Tier-Vergleiche.* Vielmehr geht es meist um den Vergleich der *Behandlung* von Menschen und Tieren! Das ergibt sich z. T. schon daraus, dass es beim Holocaustvergleich auf Seiten der Tiere ja um recht unterschiedliche Tiere geht (von Hühnern bis zu Rindern), also um Tiere mit sehr unterschiedlichen Eigenschaften. Möglichkeit und Sinnhaftigkeit von Mensch-Tier-Vergleichen werden also schon prinzipiell bzw. auf methodischer Ebene massiv eingeschränkt. Matthew Prescott (2003, S. 12) bringt einen wesentlichen Aspekt auf den Punkt: „Die Opfer heute sind andere als damals, aber das System von Einpferchen, Missbrauch, Vorurteil und Abschlachten ist dasselbe." Dass es beim Holocaustvergleich primär um den Vergleich der *Behandlung* von Menschen und Tieren geht, gilt übrigens auch für die Aussage „Für die Tiere sind alle Menschen Nazis": Es wird verglichen, wie früher Menschen Menschen behandelt haben und wie heute Menschen Tiere behandeln. (Insofern handelt sich auch um einen Menschen-Menschen-Vergleich.)


### 3.2.2.3 Vergleichen heißt nicht gleichsetzen!

*Vergleichen* kann man legitimerweise und mit Erkenntnisgewinn auch Äpfel und Birnen (z. B. im Hinblick auf ihre Form). Zu sagen, Äpfel *sind* Birnen, sie also *gleichzusetzen*, ist hingegen offenkundiger Unsinn. Wer Vergleichen verbieten will, muss auch die Wissenschaft verbieten und letztlich das Leben verbieten. Denn beide sind ohne Vergleichen, ohne Dinge in Relation zu setzen, unmöglich. Apropos „in Relation zu setzen": Peter Handke (2019) bemerkt ganz richtig: „In Relation zu setzen ist etwas anderes, als etwas zu relativieren." Und: „Relationen zu setzen ..., lässt ... Verhältnisse begreifen." Außerdem: Wer die Behandlung von Menschen und Tieren vergleicht, verharmlost oder relativiert zunächst einmal gar nichts, sondern weist zu allererst schlicht auf Fakten hin!

Ich habe früher selbst den Holocaustvergleich verwendet, allerdings, wie die jetzigen Analysen ergeben, auf eine Weise, die legitimer- bzw. rationalerweise nicht kritisierbar ist: Es handelte sich um Vergleiche der *Behandlung* von Menschen und Tieren, also um den Hinweis auf Fakten. Zudem sind die verwendeten Zitate international gang und gäbe und stehen auch bei Charles Patterson (2002) und erhalten durch Jane Goodalls dringende Leseempfehlung (oben, 3.2.2.1) „offiziellen Unbedenklichkeitsstatus".

## 3.3 Folgen für Tierrechtsphilosophie und Tierrechtsbewegung

- Alle aufgezeigten Fakten, Zusammenhänge, Implikationen und Differenzierungen im Zusammenhang mit dem Holocaustvergleich bleiben aufgrund der Denk- und Diskussionsverweigerung und der Einschränkung der Meinungs- und Wissenschaftsfreiheit unerkannt und werden daher auch nicht berücksichtigt oder bearbeitet. Fehlinterpretationen und Fehlschlüsse sind die unausweichliche Folge.
- Relevante Fakten, Zusammenhänge, Implikationen und Differenzierungen nicht zu berücksichtigen, tut keinem Thema gut. Werden trotz dieses fehlenden Fundaments schwerwiegende Vorwürfe erhoben (Holocaustverharmlosung und -relativierung), ist der Schaden noch größer.
- Werden mit diesen Vorwürfen, die jeder sachlichen und rationalen Grundlage entbehren, Menschen als

rechts, rechtsextrem oder Nazis „exkommuniziert", ist man bei einem der Gründe für die verheerende Bilanz der Tierrechtsbewegung angelangt.

# 4. Tierphilosophen

## 4.1 Einfaches Tierrechtskonzept versus schwer verständliche Tierrechtstheorien

Es gibt ein einfaches, überzeugendes Tierrechtskonzept, das aber seine Wirkung nicht entfalten kann, weil es von komplizierten Tierrechtstheorien, die für Laien schwer nachvollziehbar sind, verdeckt wird. Der entscheidende Punkt in diesem Zusammenhang ist, *warum* es für Tierrechtskonzepte so wichtig ist, einfach und überzeugend zu sein. Der Grund liegt im völlig unterschiedlichen funktionalen Status von Tier- und Menschenrechten: Tierrechte haben eine massiv *tragende Funktion,* Menschenrechte oft eine nur *rhetorische bzw. dekorative Funktion.* Soll heißen: Tierrechtskonzepte tragen die tonnenschwere Last, Veränderungen in Richtung eines tierrechtskonformen menschlichen Verhaltens zu begründen bzw. auf den Weg zu bringen – weil öffentliche Meinung und Gesetze derzeit massiv *gegen* Tierrechte ausgerichtet sind. Wenn hingegen von Menschenrechten die Rede ist, hat der Begriff oft eine ausschließlich feierlich-würdevolle Funktion – weil öffentliche Meinung und Gesetze sowieso, jedenfalls bei uns, massiv *pro* Menschenrechte sind.

Kein Mensch, der bei Trost ist, würde sich öffentlich gegen Menschenrechte positionieren. Daraus resultiert die primäre Funktion und das primäre Ziel von Tierrechtskonzepten: „normale" Menschen, die gegenüber Tieren gleichgültig oder gar tendenziell negativ eingestellt sind, für die Notwendigkeit von Tierrechten zu sensibilisieren.

## 4.2 Schwer verständliche Tierrechtstheorien

### 4.2.1 Vorbemerkungen

Zur richtigen, gerechten und umfassenden Einschätzung der schwer verständlichen Tierrechtstheorien sollten neben dem soeben ausgeführten Punkt (maximale Begründungslast von Tierrechten, minimale Begründungslast von Menschenrechten) folgende Aspekte, Möglichkeiten und Gefahren berücksichtigt werden:

- Bis zu einem gewissen Grad ist die schwere Verständlichkeit philosophischer Theorien, notwendig bzw. „natürlich": Sobald man eine Hypothese oder Idee systematisch ausarbeitet, erklärt und begründet, wird die Sache automatisch kompliziert und für philosophische Laien schwer verständlich.

- Davon zu unterscheiden ist die „philosophische Berufskrankheit", möglichst viele Fremdwörter zu verwenden und sich besonders unverständlich auszudrücken, um damit vermeintlich seine eigene Kompetenz und die Wissenschaftlichkeit seiner Theorien zu beweisen.

- Bei tierethischen Theorien kommt noch eine spezielle Unappetitlichkeit bzw. Missbrauchsgefahr hinzu: Tierethik *gegen* Tiere zu instrumentalisieren. Etwa bei der Rechtfertigung von bestimmten Tierhaltungsformen oder von Tierversuchen: Die Sache sei ethisch geprüft und von Professor so und so für in Ordnung befunden worden. Dabei kommen unverständliche Theorien naheliegenderweise gelegen. Oder es tauchen spezielle theoretische, ethische oder juristische Probleme auf. Dann heißt es, das Problem sei erkannt und an seiner Lösung werde schon gearbeitet – was natürlich dauern kann. Auch hier sind dubiose tierethische Ansätze hilfreich. Am gefährlichsten sind Fragestellungen der Art „Sind Tierversuche ethisch zu rechtfertigen?" Wie bei allen wissenschaftlichen Fragestellungen gibt es natürlich auch hier unterschiedliche Positionen und Meinungen. (Das wäre bei der Fragestellung „Sind Menschenversuche ethisch zu rechtfertigen?", würde sie ernsthaft gestellt, nicht anders!) Und schon sind wir in der höchst willkommenen Situation: Tja, da gibt es eben solche und solche Meinungen!

Schließlich noch eine methodische Bemerkung zu folgenden vier Darstellungen und Kritiken (Singer, Regan, Francione, Donaldson / Kymlicka). Bei der jeweiligen Kritik soll also aufgezeigt werden, dass und warum die betreffende Tierrechtstheorie nicht überzeugend und schwer nachvollziehbar ist. Wer nur oder primär daran interessiert ist, *dass* diese Theorie nicht überzeugend und schwer nachvollziehbar ist, braucht die betreffende Darstellung nur zu überfliegen. Wem es aber auch darum geht, *warum* diese Theorie nicht überzeugend und schwer nachvollziehbar ist, soll die Darstellung aufmerksam lesen.

### 4.2.2 Peter Singer

### 4.2.2.1 Darstellung

### 4.2.2.1.1 Gleichheitsprinzip

Bevor wir uns Peter Singers Philosophie zuwenden, zwei kurze Bemerkungen: 1) Die folgende Darstellung orientiert sich an meinem früheren Buch „Die Philosophie des Vegetarismus: kritische Würdigung und Weiterführung von Peter Singers Ansatz" (1988), berücksichtigt aber vorrangig jüngere Auflagen von Singers Arbeiten. 2) Die Tötungsproblematik wird ausgeklammert, weil sie für Singers Grundargumentation nicht nötig ist und daher nur die Darstellung unnötig komplizieren würde. (Vgl. Singer, 1996, S. 49 f., 56)

Peter Singers 1975 erschienenes Buch „Animal Liberation" (deutsch: „Befreiung der Tiere", 1982) gilt als Initialzündung der Tierrechtsbewegung. Sein zentrales Konzept ist das Prinzip der gleichen Interessenabwägung, kurz: Gleichheitsprinzip. Kern dieses Gleichheitsprinzips ist, „dass wir in unseren moralischen Überlegungen den ähnlichen Interessen all derer, die von unseren Handlungen betroffen sind, gleiches Gewicht geben" (Singer, 2013, S. 52; vgl. 1978, S. 197, 1985, S. 9). Einfacher formuliert: Wir sollen den ähnlichen Interessen all derer, die von unseren Handlungen betroffen werden, ähnliches moralisches Gewicht verleihen. Oder noch prägnanter: Ähnliche Interessen sollen ähnlich gewichtet werden.

Peter Singers Gleichheitsprinzip entspricht im Wesentlichen dem klassischen, auf Aristoteles zurückgehenden und unangefochten geltenden moralischen Gleichheitsgrundsatz: Gleiches bzw. Ähnliches soll auch gleich bzw. ähnlich behandelt werden. (Rachels, 1994, S. 238, 1991, S. 174-176, Teutsch, 1995a, S. 11, 1995b, S. 6, 1987, S. 76; vgl. Clarke / Linzey, 1990, S. XVI) Ohne dieses fundamentale Prinzip verlöre alle Ethik jegliche Grundlage, Glaubwürdigkeit und Anwendbarkeit. Das Neue an Singers Gleichheitsprinzip ist, dass er zusätzlich angibt, worauf es sich bezieht: auf Interessen.

Singer betont immer wieder, dass das Gleichheitsprinzip keine Tatsachenbehauptung beinhaltet, sondern ein *moralisches* Prinzip ist: „Das Prinzip der

Gleichheit aller Menschen ist nicht die Beschreibung einer angenommenen tatsächlichen Gleichheit der Menschen, sondern es ist eine Vorschrift, die uns sagt, wie wir andere Menschen behandeln sollen" (Singer, 1996, S. 32, im Original hervorgehoben; vgl. 2013, S. 51). Dieser Hinweis kann gar nicht oft genug wiederholt werden. Denn das mit Abstand häufigste Missverständnis im Zusammenhang mit dem Gleichheitsprinzip besteht eben darin, es so zu verstehen, als würde es eine faktische Gleichheit behaupten.

Worauf das Gleichheitsprinzip wirklich hinausläuft, ist hingegen schlicht dies: Interesse ist gleich Interesse, egal wessen Interesse es auch immer sein mag. (Singer, 2013, S. 52) Das Gleichheitsprinzip funktioniert wie eine Waage:

„Interessen werden unparteiisch abgewogen. Echte Waagen begünstigen die Seite, auf der das Interesse stärker ist oder verschiedene Interessen sich zu einem Übergewicht über eine kleinere Anzahl ähnlicher Interessen verbinden; aber sie nehmen keine Rücksicht darauf, wessen Interessen sie abwägen." (Singer, 2013, S. 53; vgl. 1978, S. 197)

Voraussetzung für die Anwendung des Gleichheitsprinzips ist natürlich, dass wir die Interessen der von unseren Handlungen Betroffenen kennen. Und diese Interessen können je nach Fähigkeiten und anderen faktischen Eigenschaften der Betroffenen völlig unterschiedlich sein. Deshalb fordert das Gleichheitsprinzip auch nicht, dass wir alle *gleich* behandeln sollen, sondern dass wir alle *entsprechend ihren Interessen* behandeln sollen. Das nennt Singer „gleiche Berücksichtigung", was nichts anderes bedeutet, als dass wir die Interessen, die Wesen nun einmal haben, moralisch immer gleich ernst nehmen, moralisch immer gleich gewichten sollen, unabhängig davon, um wessen Interessen es sich handelt. Interessen müssen quasi „ohne Ansehung der Person" immer gleich ernst genommen werden.

Folgerichtig gilt: „Gleiche Berücksichtigung unterschiedlicher Wesen kann ... zu unterschiedlicher Behandlung ... führen" (Singer, 1996, S. 29). So mögen uns etwa Interessenerwägungen bezüglich mathematisch begabter Kinder veranlassen, sie früh höhere Mathematik zu lehren, was bei anderen Kindern völlig zwecklos oder gar schädlich sein könnte. (Singer, 2013, S. 54) „Das grundlegende Element, die Berücksichtigung der Interessen von Personen, welcher Art diese Interessen auch sein mögen, muss auf jeden Menschen angewendet werden, und zwar ungeachtet der Rasse, des Geschlechts oder der Werte eines Intelligenztests" (ebenda).

### 4.2.2.1.2 Leidensfähigkeit

Nun wäre es für Singer – und das ist der springende Punkt – völlig unannehmbar, das Gleichheitsprinzip auf den Umgang mit unseren Mitmenschen zu beschränken:

„Wenn wir das Prinizip der Gleichheit für die Menschen akzeptieren, sind wir auch verpflichtet, zu akzeptieren, dass es für einige nichtmenschliche empfindungsfähige Lebewesen bzw. nichtmenschliche Tiere ... gilt" (Singer, 2013, S. 98).

Um dies zu erkennen, bedarf es nach Singer lediglich des wirklichen Verständnisses dieses Prinzips: Sowenig wir berechtigt sind, die vorhandenen Interessen von Wesen deshalb geringer zu schätzen, weil sie zu einer anderen Rasse gehören oder weil sie weniger intelligent sind, so wenig sind wir berechtigt, die vorhandenen Interessen von Wesen deshalb geringer zu schätzen, weil sie zu einer anderen biologischen Gattung gehören. (Ebenda, S. 99 f.) In diesem Zusammenhang verweist Singer auf Jeremy Bentham, der zu einer Zeit, als schwarze Sklaven noch so behandelt wurden, wie heute Tiere behandelt werden, schrieb:

„Der Tag wird kommen, an dem auch den übrigen lebenden Geschöpfen [den Tieren, H. F. K.] die Rechte gewährt werden, die man ihnen nur durch Tyrannei vorenthalten konnte. Die Franzosen haben bereits erkannt, daß die Schwärze der Haut kein Grund ist, einen Menschen schutzlos den Launen eines Peinigers auszuliefern. Eines Tages wird man erkennen, daß die Zahl der Beine, die Behaarung der Haut und das Ende des os sacrum sämtlich unzureichende Gründe sind, ein empfindendes Lebewesen dem gleichen Schicksal zu überlassen. Aber welches andere Merkmal könnte die unüberwindliche Grenzlinie sein? Ist es die Fähigkeit zu denken oder vielleicht die Fähigkeit zu sprechen? Doch ein erwachsenes Pferd oder ein erwachsener Hund sind weitaus verständiger und mitteilsamer als ein Kind, das einen Tag, eine Woche oder sogar einen Monat alt ist? Doch selbst, wenn es nicht so wäre, was würde das ändern? Die Frage ist nicht: Können sie *denken?* oder: Können sie *sprechen?*, sondern: Können sie *leiden?* (Bentham, 1970, 283, zit. n. Singer, 1996, S. 35 f.)

Hier identifiziert Bentham die Leidensfähigkeit als jene entscheidende Eigenschaft, die einem Wesen das Recht verleiht, entsprechend dem Gleichheitsprinzip behandelt zu werden. (Singer, 2013, S. 101, 1996, S. 36) Die Leidensfähigkeit ist für Singer aber nicht nur Anlass, das Gleichheitsprinzip auch auf Tiere auszudehnen, sondern darüber hinaus auch das Fundament eben dieses Gleichheitsprinzips:

„Die Fähigkeit zu leiden - oder genauer, zu leiden oder sich zu freuen oder glücklich zu sein - ist nicht einfach eine weitere Fähigkeit wie die Sprachfähigkeit oder die Befähigung zu höherer Mathematik. ( ... ) Die Fähigkeit zu leiden oder sich zu freuen ist vielmehr eine Grundvoraussetzung dafür, überhaupt Interessen haben zu können, eine Bedingung, die erfüllt sein muss, bevor wir überhaupt sinnvoll von Interessen sprechen können." (Singer, 2013, S. 101.; vgl. 1996, S. 36)

So wäre es zum Beispiel unsinnig zu sagen, dass es gegen die Interessen eines Steines verstoße, getreten zu werden: „Ein Stein hat keine Interessen, denn er kann nicht leiden" (Singer 1996, S. 36). Eine Maus hat im Unterschied dazu hingegen sehr wohl ein Interesse, nicht getreten zu werden, weil sie dabei leiden würde. (Ebenda; 2013, S. 101) Und wenn ein Wesen leidet, gibt es keine moralische Rechtfertigung dafür, dieses Leiden nicht zu berücksichtigen. (Singer, 2013, S. 101; 1996, S. 37) Wenn ein Wesen leiden kann, muss sein Interesse, nicht zu leiden, gleich ernst genommen werden wie das ähnliche Interesse irgendeines anderen Wesens. (Singer, 1983, S. 90, 1996, S. 37)

Deshalb ist die Empfindungsfähigkeit, also die Fähigkeit, Leid oder Freude zu erfahren, die einzige vertretbare Grenze für die Berücksichtigung der Interessen anderer. (Singer, 2013, S. 101 f.; 1996, S. 38) Diese Grenze irgendwo anders zu ziehen, etwa aufgrund von

Intelligenz oder Rationalität, hieße, sie völlig willkür-lich zu ziehen. (Singer, 2013, S. 102, 1996, S. 38) Wenn ein Wesen leidet, dann kann es keine Rechtfertigung dafür geben, dieses Leiden nicht gleich zu berücksichti-gen wie das gleiche bzw. ähnliche Leiden eines anderen Wesens.

Doch wie funktioniert das in der Praxis? Singer bringt folgendes Beispiel: Wenn ich einem Pferd mit der flachen Hand einen Schlag versetze, so wird es da-bei vermutlich kaum Schmerzen empfinden. Wenn ich aber ein Baby auf die gleiche Weise schlage, so wird es dabei sehr wohl einen Schmerz verspüren. Nun muss es aber einen Schlag geben - vielleicht mit einem di-cken Stock -, der beim Pferd den gleichen Schmerz verursacht, den das Kind beim Schlagen mit der fla-chen Hand verspürt. Das ist mit „demselben Ausmaß an Schmerz" gemeint. (Singer, 2013, S. 103, 1996, S. 47) „Und wenn wir es falsch finden, einem Kleinkind ohne guten Grund so viel Schmerz zuzufügen, dann müssen wir ... es ebenso falsch finden, einem Pferd ohne guten Grund dasselbe Ausmaß an Schmerz zuzu-fügen" (Singer, 2013, S. 103; vgl. 1996, S. 47).

### 4.2.2.1.3 Rassismus, Sexismus, Speziesismus

Rassismus und Sexismus sind, wie bereits angedeutet, Verstöße gegen das Gleichheitsprinzip, weil Rassisten und Sexisten die Interessen bestimmter Menschen einfach deshalb weniger ernst nehmen, weil diese zu einer anderen Rasse oder zum anderen Geschlecht gehören. In Analogie zu Rassismus und Sexismus spricht Singer von Speziesismus – der Ausdruck stammt von Richard Ryder (Singer, 1996, S. 58) –, wenn Lebewesen nicht aufgrund ihrer Rassen- oder Geschlechtszugehörigkeit diskriminiert werden, sondern aufgrund ihrer Artzugehörigkeit, also aufgrund der biologischen Spezies, der sie angehören:

„Speziesismus ... ist ein Vorurteil oder eine Haltung der Voreingenommenheit zugunsten der Interessen der Mitglieder der eigenen Spezies und gegen die Interessen der Mitglieder anderer Spezies" (ebenda, S. 35). Wie Singer den Zusammenhang zwischen Rassismus und Sexismus einerseits und Speziesismus andererseits im Einzelnen sieht, verdeutlichen folgende Zitate:

„Die Rassisten verletzen das Prinzip der Gleichheit, indem sie in Interessenkonflikten zwischen Mitgliedern der eigenen und einer anderen Rasse die Interessen der Mitglieder ihrer eigenen Rasse stärker gewichten. Sexisten verletzen das Prinzip der Gleichheit, indem sie die Interessen des eigenen Geschlechts bevorzugen. Und genauso räumen Speziesisten den Interessen der eigenen Spezies Vorrang ein vor den stärkeren Interessen von Mitgliedern anderer Spezies. Das Muster ist in jedem dieser Fälle dasselbe." (Singer, 1996, S. 38)

„Die weißen Rassisten, die die Sklaverei befürworteten, hielten das Leid der Afrikaner für weniger wichtig als das der Europäer. ( ... ) Menschliche Speziesisten erkennen nicht an, dass der Schmerz, den Schweine oder Mäuse verspüren, ebenso schlimm ist wie der von Menschen verspürte." (Singer, 2013, S. 102)

Abschließend soll beispielhaft anhand unserer Gewohnheit, Fleisch zu essen, veranschaulicht werden, wie das Gleichheitsprinzip konkret funktioniert:

„Bürger von industrialisierten Gesellschaften können sich ohne weiteres angemessene Nahrung verschaffen, ohne auf tierisches Fleisch zurückzugreifen. ( ... ) Dieses Fleisch ist ein Luxusartikel, der konsumiert wird, weil die Menschen seinen Geschmack lieben. ( ... ) Betrachten wir den moralischen Aspekt der Nutzung von Tieren als Nahrung in industrialisierten Gesellschaften, so haben wir eine Situation vor uns, in der ein relativ geringes Interesse der Menschen gegen das Leben und Wohl der betroffenen Tiere abgewogen werden muss. Das Prinzip der gleichen Interessenabwägung gestattet es nicht, größere Interessen für kleinere Interessen zu opfern." (Singer, 2013, S. 107 f.)

## 4.2.2.2 Kritik

### 4.2.2.2.1 Notwendige Präzisierungen

#### 4.2.2.2.1.1 Unterschiedliche Anwendungsbedingungen

Das vorangehende Zitat verdeutlicht, dass Singers Gleichheitsprinzip zweier Präzisierungen bedarf, um bei konkreter Anwendung klare Bewertungen zu ermöglichen. Diese Präzisierungen werden von Singer zwar zum Teil wahrscheinlich „mitgedacht" (und ansatzweise auch ausgesprochen), aber er überlässt es letztlich den Leserinnen und Lesern, diese Lücke zu entdecken und zu füllen, sprich: diese notwendigen Präzisierungen selbst vorzunehmen. Das minimiert die Überzeugungskraft und Nachvollziehbarkeit dieses Ansatzes erheblich.

Die erste notwendige Präzisierung lautet: *Das Gleichheitsprinzip muss hinsichtlich seiner Anwendungsbedingungen differenziert werden.* Unsere bisherige Formulierung des Gleichheitsprinzips lautete (4.2.2.1.1): Ähnliche Interessen sollen ähnlich gewichtet werden. Das können wir auch so formulieren: Ähnliche Interessen sollen (in unseren moralischen Überlegungen) eine ähnliche Rolle spielen.

Aber der Fall, dass die von unseren Handlungen Betroffenen tatsächlich *ähnliche* Interessen haben, ist eher die Ausnahme. Das zeigt auch das vorangehende Zitat in Bezug auf unsere Gewohnheit, Fleisch zu essen: Hier steht ein *relativ geringes Interesse der Menschen* dem *Leben und Wohl der betroffenen Tiere* gegenüber. Mit anderen Worten: Die von der Handlung Fleischessen berührten Interessen sind bei Tieren viel größer als beim Menschen. Während es beim Menschen lediglich um einen kurzen Gaumenkitzel geht, geht es bei Tieren buchstäblich um alles. Alle Interessen der Tiere stehen einem einzigen, vergleichsweise läppischen menschlichen Interesse gegenüber.

Dem Umstand, dass der Fall, dass die von unseren Handlungen Betroffenen ähnliche Interessen haben, eher die Ausnahme darstellt, muss bei der Formulierung des Gleichheitsprinzips Rechnung getragen werden. Das Gleichheitsprinzip muss seiner „inneren Logik", seinem „Geist" entsprechend im Hinblick auf seine verschiedenen Anwendungsbedingungen differenziert werden: Die Forderung, dass ähnliche Interessen eine ähnliche Rolle spielen sollen, muss ergänzt werden durch die Forderung, dass größere Interessen eine größere Rolle bzw. kleinere Interessen eine kleinere Rolle spielen sollen. Insbesondere muss aber auch gefordert werden, dass größere Interessen keine kleinere Rolle spielen dürfen als kleinere Interessen, dass also größere Interessen nicht kleineren Interessen geopfert werden dürfen. Die Missachtung dieser letzten Forderung stellt augenscheinlich einen besonders gravierenden Verstoß gegen das Gleichheitsprinzip dar.

Somit ergeben sich entsprechend den verschiedenen Anwendungsbedingungen des Gleichheitsprinzips folgende verschiedene Anwendungsvarianten des Gleichheitsprinzips:

A) Ähnliche Interessen sollen eine ähnliche Rolle spielen.

B) Größere Interessen sollen eine größere Rolle spielen.

C) Kleinere Interessen sollen eine kleinere Rolle spielen.

D) Größere Interessen dürfen keine kleinere Rolle spielen als kleinere Interessen. (Größere Interessen dürfen nicht kleineren Interessen geopfert werden.)

Jetzt erkennen wir auch sofort, warum Fleischessen einen Verstoß gegen das Gleichheitsprinzip darstellt: wir missachten dabei die Forderung D, was, wie gesagt, eine besonders schwere Verletzung des Gleichheitsprinzips bedeutet: Beim Fleischessen werden so gut wie alle tierlichen Interessen einem einzigen menschlichen Interesse geopfert.

## 4.2.2.2.1.2 Quantitative Interpretation

Die zweite notwendige Präzisierung in Bezug auf das Gleichheitsprinzip haben wir damit schon vorweggenommen: *Das Gleichheitsprinzip muss quantitativ interpretiert werden.*

Genau das haben wir bei der obigen moralischen Bewertung des Fleischessens getan: Wir sagten, Fleischessen ist ein Verstoß gegen das Gleichheitsprinzip, weil dabei so gut wie *alle* tierlichen Interessen einem *einzigen* menschlichen Interesse geopfert werden. Auch die oben angeführten Anwendungsvarianten A bis D des Gleichheitsprinzips verdeutlichen die quantitative Funktionsweise des Gleichheitsprinzips.

Das heißt aber nicht, dass der qualitative Aspekt beim Gleichheitsprinzip keine Rolle spielen würde. Dies wird klar, wenn wir uns jetzt einmal systematisch alle Schritte vergegenwärtigen, die bei der praktischen Anwendung des Gleichheitsprinzips berücksichtigt werden müssen. Wir bleiben beim Beispiel Fleischessen und beschränken uns bewusst auf das Wesentliche, um das Vorgangsschema zu verdeutlichen.

1) Wir ermitteln die Betroffenen der Handlung: Tiere (die zur Fleischgewinnung leiden und sterben müssen) und Menschen (die deren Fleisch essen wollen).

2) Wir ermitteln, welche Interessen der Betroffenen berührt werden: Bei Tieren so gut wie alle, beim Menschen ein einziges, nämlich das an einem bestimmten Geschmackserlebnis. Bei den tierlichen Interessen handelt es sich zum Beispiel um das Interesse an artentsprechender Bewegung, artentsprechender Ernährung, artentsprechendem Sozialleben sowie um das Interesse, nicht zu leiden.

Hier kommt, wie wir sehen, der qualitative Aspekt schon zum Tragen: Wir ermitteln, welche Erlebensqualitäten bzw. Interessenarten der Betroffenen berührt werden. Bei diesem Punkt kommt die „Ungleichheitsseite" des Gleichheitsprinzips zum Tragen, die Forderung, Verschiedenes entsprechend seiner Verschiedenheit auch anders zu behandeln. Je nachdem, um welche Handlung es gerade geht, kann die Interessenlage völlig verschieden sein. Geht es etwa ums Foltern, so haben Menschen und Tiere ähnliche Interessen, da weder Menschen noch Tiere leiden wollen. Geht es hingegen, z. B., um die Religionsfreiheit, so haben Menschen und Tiere völlig unterschiedliche Interessen, weil es für Menschen wichtig ist, glauben zu können, was sie wollen, während Tieren entsprechende Fragen oder Bestimmungen völlig egal sind.

3) Wir ermitteln das Ausmaß, in dem die Interessen der Betroffenen berührt werden: Die oben genannten vielen tierlichen Interessen werden im Zuge der Fleischproduktion in allerhöchstem Maße berührt, das eine menschliche Interesse, dieses Fleisch essen zu wollen, ist verglichen damit extrem gering. Außerdem werden die tierlichen Interessen lebenslang berührt, während das menschliche Interesse vergleichsweise augenblicklicher Natur ist.

Bei dieser Feststellung bzw. Bewertung des Maßes, in dem die jeweiligen Interessen der Betroffenen berührt werden, kommt abermals der qualitative Aspekt ins Spiel: Wir müssen beispielsweise tierliches Leiden gleich bzw. ähnlich gewichten wie wir ein ähnliches menschliches Leiden gewichten würden.

4) Wir addieren die Interessen der Betroffenen und wenden dem Ergebnis entsprechend die Anwendungsvarianten A bis D des Gleichheitsprinzips an. Bei der Handlung Fleischessen zeigt sich zweifelsfrei, dass hier große tierliche Interessen einem vergleichsweise geringen menschlichen Interesse gegenüberstehen. Bei der Realisierung der Handlung Fleischessen werden (sehr viel) größere tierliche Interessen einem (sehr viel) kleineren menschlichen Interesse geopfert. Das ist ein Verstoß gegen Anwendungsvariante D des Gleichheitsprinzips, weshalb Fleischessen moralisch falsch ist.

### 4.2.2.2.2 Utilitarismus

Beim Gleichheitsprinzip, wie wir es eben erläutert haben, geht es um die Summen der Interessen der *einzelnen* Betroffenen: Das Interesse eines Tieres an artentsprechender Bewegung, Ernährung usw. ist ungleich größer als das Interesse eines Menschen an einem kurzen Gaumenkitzel. Und weil größere Interessen nicht kleineren Interessen geopfert werden dürfen, ist Fleischessen falsch.

Nun argumentiert Singer aber nicht nur mit dem Gleichheitsprinzip, er ist auch Utilitarist. Und beim Utilitarismus geht es bekanntlich darum, die Interessen *aller* Betroffenen zu *maximieren:* Moralisch richtig ist jene Handlung, die *insgesamt* am meisten Glück (bzw. am wenigsten Leiden) für alle Betroffenen bringt.

In Bezug auf Singers Utilitarismus bzw. Singers utilitaristischer Interpretation des Gleichheitsprinzips ergeben sich nun erhebliche Probleme. Beginnen wir aber mit Singers unzweideutigem Bekenntnis zum Utilitarismus:

„I am a utilitarian. I am also a vegetarian. I am a vegetarian because I am a utilitarian. I believe that applying the principle of utility to our present situation - especially the methods now used to rear animals for food and the variety of food available to us - leads to the conclusion that we ought to be vegetarian." (Singer, 1980, S. 325)

„(Ich bin Utilitarist. Und ich bin auch Vegetarier. Ich bin Vegetarier, weil ich Utilitarist bin. Ich glaube, dass die Anwendung des Utilitarismus auf unsere gegenwärtige Situation – insbesondere auf die modernen Methoden zur Aufzucht der Tiere, die wir essen, und auf die Vielfalt an Nahrungsmitteln, die uns zur Verfügung steht - zum Schluss führt, dass wir Vegetarier werden sollen.)" (Übers. v. H. F. K.)

Trotz dieses klaren Bekenntnisses zum Utilitarismus erfahren wir in Singers Ausführungen über Tierrechte im Allgemeinen und über Vegetarismus im Besonderen aber merkwürdig wenig über diesen Utilitarismus. In „Befreiung der Tiere" (Singer, 1996), seinem Hauptwerk in Bezug auf Tierrechte, kommt das Wort „Utilitarismus" - außer zur Charakterisierung der Utilitaristen Bentham und Sidgwick (S. 32 f.) - überhaupt nicht vor!

Hinzu kommt, dass die Stellen, an denen vom Utilitarismus die Rede ist, oft schwer nachvollziehbar, zum Teil sogar widersprüchlich sind. (Vgl. Kaplan, 1988; siehe dort zur Orientierung zunächst S. 65 ff.)

Entscheidend ist aber vor allem dies: Singer übersieht, dass der Utilitarismus bzw. ein utilitaristisch interpretiertes Gleichheitsprinzip gar nicht notwendig zum Vegetarismus führt!

„It is unclear how, as a utilitarian, he [Singer, H. F. K.] can argue that we have a moral obligation to stop supporting the practice of raising animals intensively."

(„Es ist unklar, wie er [Singer, H. F. K.] als Utilitarist behaupten kann, wir hätten eine moralische Verpflichtung, aufzuhören, die Intensivtierzucht zu unterstützen.") (Übers. v. H. F. K.)

Dieser Vorwurf Tom Regans (1980, S. 309) muss umso ernster genommen werden, als er ihn nicht nur abstrakt erhebt, sondern auch konkret begründet. Regan gibt Singer zu bedenken:

Der Fleischindustrie verdanken viele Menschen direkt oder indirekt ihren Arbeitsplatz: Tierzüchter und -händler, die Produzenten von Käfigen, die Beschäftigten der Chemieindustrie, wo wachstumsfördernde und infektionshemmende Mittel hergestellt werden, die Transporteure, die Schlächter usw. Außerdem müssen auch die Familien dieser Menschen berücksichtigt werden, deren Lebensunterhalt ebenfalls von der Fleischindustrie abhängt. „The interests which these persons have in ‚business-as-usual', in raising animals intensively, go well beyond pleasures of taste and are far from trivial" (ebenda, S. 310). („Die Interessen, die diese Menschen am ‚business-as-usual', an der Intensivtierzucht, haben, gehen weit über geschmackliche Interessen hinaus und sind alles andere als trivial.") (Übers. v. H. F. K.) Zwar werde eine unmoralische Sache durch den Profit, den manche aus ihr ziehen, nicht gerechtfertigt,

„but Singer, as a utilitarian, cannot *just* appeal to our moral intuitions or *assume* that our intuitions can be given a utilitarian basis. In the particular case of the morality of raising animals intensively, Singer, as a utilitarian, cannot say that the interests of those humans involved in this practice, those whose quality of life presently is bound up in it, are irrelevant. ( ... ) Though the issues involved are enormously complicated ..., one thing is certain: It is not *obviously* true that the consequences for everyone affected would be better, all considered, if intensive rearing methods were abandoned and we all (or most of us) became (all at once or gradually) vegetarians. Some nice calculations are necessary to show this. Without them, a utilitarian-based vegetarianism cannot command our rational assent. Even the most sympathetic reader, even a ‚fellow traveler‘ like myself will fail to find the necessary calculations in Singer's work. They simply are not there." (Ebenda, S. 311 f.)

(„aber Singer kann als Utilitarist nicht nur an unsere moralischen Intuitionen appellieren oder annehmen, dass unseren Intuitionen eine utilitaristische Grundlage gegeben werden könne. Im Hinblick auf die moralische Bewertung der Intensivtierzucht kann Singer als Utilitarist nicht sagen, dass die Interessen jener Menschen, die in diese Praxis involviert sind und deren Leben gegenwärtig völlig von ihr abhängt, irrelevant sind. ( ... ) Wenn auch die hier involvierten Fragen enorm kompliziert sind ..., so ist eines doch klar: Es ist in keiner Weise offensichtlich, dass, insgesamt betrachtet, die Konsequenzen für alle Betroffenen besser wären, wenn die Intensivtierzucht aufgegeben würde und wir alle (oder die meisten von uns) sofort oder allmählich Vegetarier werden würden. Um dies zu zeigen, bedürfte es ganz schön umfangreicher Kalkulationen. Ohne solche Kalkulationen ist ein utilitaristisch begründeter Vegetarismus unplausibel. Selbst der wohlmeinendste Leser, ja sogar ein Gesinnungsgenosse wie ich selber fahndet vergeblich nach solchen notwendigen Kalkulationen in Singers Arbeiten. Sie wurden schlicht nirgendwo gemacht.") (Übers. v. H. F. K.)

Dazu Singer (1980, S. 332): „It is true that the question is complicated and I have not done all the calculations involved. But I have begun." („Es stimmt, dass die Frage kompliziert ist und ich noch nicht alle notwendigen Kalkulationen gemacht habe. Aber ich habe damit begonnen.") (Übers. v. H. F. K.) Erstens habe er gezeigt, welch unendliches Leid den Tieren durch die moderne Fleischproduktion zugefügt werde. Zweitens habe er gezeigt, dass der Verzicht auf Fleisch dem Menschen nicht nur *keine großen Opfer* auferlege, sondern im Gegenteil *handfeste Vorteile* bringe – Stichworte: Gesundheit, Wohlgeschmack, Vermeidung bzw. Beseitigung von Umweltzerstörung und Welthunger durch Fleischproduktion. Diese Vorteile sowie die Vorteile für die Tiere würden die Nachteile für die von der Fleischindustrie Abhängigen langfristig wohl klar überwiegen. (Ebenda, S. 332-334)

Zweifellos können diese utilitaristischen Erwägungen bzw. vergleichenden Schätzungen Singers ein nicht unbeachtliches Maß an Plausibilität für sich beanspruchen. Es erscheint in der Tat durchaus wahrscheinlich, dass der Übergang zu einer vegetarischen Lebensweise unter Berücksichtigung aller Aspekte langfristig für alle Beteiligten eine Glücksvermehrung bzw. Leidensverminderung mit sich brächte.

Die Frage, inwiefern Singer dies nun im Einzelnen tatsächlich „bewiesen" hat (oder mit seinem Instrumentarium auch nur beweisen *könnte)*, ist hierbei aber zweitrangig. Entscheidend ist vielmehr, dass sich problemlos Beispiele finden lassen, wo utilitaristische Kalkulationen speziesistische Praktiken im Allgemeinen und Fleischessen im Besonderen *sehr wohl rechtfertigen könnten:*

So ist es zum Beispiel durchaus möglich, dass die Summe des Vergnügens, das *Tausende* von Zuschauern eines Stierkampfes haben, größer ist als das Leiden eines *einzigen* Stieres. Auch könnte die Summe des Vergnügens, das *viele* Besucher eines Bierzeltes beim Verzehr *eines* Ochsen am Spieß haben, größer sein als das Leid, das diesem Tier hierfür zugefügt worden ist. (Diese Absurdität des Utilitarismus verdeutlicht - wenigstens für Speziesisten - besonders drastisch Vittorio Hösle, 1997, S. 155, durch den Hinweis, dass auch die Schlachtung eines Kindes moralisch geboten sein könnte, wenn sich nur genügend Personen an dessen Fleisch erfreuten.)

Hier tritt das Dilemma und die Schwäche des Utilitarismus klar zu Tage: Weil es um die Maximierung der Interessen *aller* Betroffenen geht (genauer: um die Maximierung des Maßes, in dem diesen Interessen Rechnung getragen wird), kann es leicht zu Ungerechtigkeiten in Bezug auf die Interessen der *einzelnen* Betroffenen kommen.

Allgemein: Die Maximierung der Interessen aller Betroffenen kann auf Kosten der Interessen einzelner Betroffener erfolgen. Konkret - und damit kommen wir zu obigen Beispielen zurück: Größere Interessen (des Stieres und des Ochsen) können kleineren Interessen (der einzelnen Stierkampfzuschauer und der einzelnen Bierzeltbesucher) geopfert werden - was einen klaren Verstoß gegen das Gleichheitsprinzip darstellt.

Spätestens hier fragt sich natürlich, was denn das Gleichheitsprinzip überhaupt mit dem Utilitarismus zu tun hat. Genau das ist die Frage!

Außer Zweifel steht (vgl. Kaplan, 1988, insbesondere S. 60 f., 67 f., 1993b, S. 213 ff.): Singer arbeitet mit dem Gleichheitsprinzip, Singer ist Utilitarist und für Singer gibt es zwischen Gleichheitsprinzip und Utilitarismus einen engen, ja fundamentalen Zusammenhang.

Aber damit ist es mit der Klarheit auch schon zu Ende. Denn worin dieser Zusammenhang zwischen

Gleichheitsprinzip und Utilitarismus bestehen soll, wird umso rätselhafter, je mehr man ihn zu ergründen versucht. Mehr noch: Meines Erachtens besteht zwischen Gleichheitsprinzip und Utilitarismus nicht nur kein zwingender positiver Zusammenhang, sondern überhaupt kein positiver Zusammenhang. Vielmehr schließen sich Gleichheitsprinzip und Utilitarismus in vielen Fällen sogar aus!

Das wird in der Euthanasie-Diskussion, in der Singer bekanntlich ebenfalls eine herausragende Rolle spielt (vgl. z. B. Kuhse / Singer, 1993, Kaplan, 1997), besonders deutlich. Nehmen wir die Situation eines Menschen mit Behinderung und seiner Angehörigen:

Ich kann die Interessen der *einzelnen* Betroffenen ermitteln und diese dann jeweils gleich berücksichtigen, wie ich möchte, dass meine eigenen Interessen in vergleichbarer Situation berücksichtigt würden (Gleichheitsprinzip). *Oder* ich kann die Interessen *aller* Betroffenen betrachten und dann jene Handlungsalternative wählen, bei der insgesamt die meisten Interessen erfüllt werden, das heißt, bei der die Summe des Glücks insgesamt am größten bzw. die Summe des Leidens insgesamt am kleinsten ist (Utilitarismus). Und es kann wohl keinen Zweifel darüber geben, dass das Ergebnis in beiden Fällen ein völlig anderes sein kann: Im ersten Fall kann ich zum Schluss kommen, dass der Mensch mit Behinderung aufopfernd gepflegt werden soll, im zweiten Fall, dass er umgebracht werden soll!

Wir kommen also nicht darum herum, uns zu entscheiden, ob wir uns an den Interessen der *einzelnen* Betroffenen orientieren und diese dann *gleich* behandeln wollen (wie wir selbst in vergleichbarer Situation behandelt werden möchten oder wie wir andere in vergleichbarer Situation behandeln würden) (Gleichheitsprinzip) oder ob wir uns an den Interessen *aller* Betroffenen orientieren und diese dann *maximieren* wollen (Utilitarismus). Das heißt, wir müssen uns entscheiden, ob wir das Gleichheitsprinzip oder den Utilitarismus anwenden wollen. Davon, dass Gleichheitsprinzip und Utilitarismus, wie Singer nahelegt, quasi zwei Seiten einer Medaille darstellen, kann also nicht die Rede sein!

Angesichts dieser Situation kann sinnvollerweise nicht mehr von einer bloßen Minderung der Überzeugungskraft und Nachvollziehbarkeit dieses Ansatzes gesprochen werden. Vielmehr kommt man angesichts der aufgezeigten Widersprüche und der De-facto-Unvereinbarkeit von Gleichheitsprinzip und Utilitarismus kaum um die Feststellung herum, dass Singer seine eigene Theorie in die Luft jagt.

### 4.2.3 Tom Regan

### 4.2.3.1 Darstellung

### 4.2.3.1.1 Psychische Komplexität

Tom Regans Theorie ist der zweite wichtige Ansatz in der der Tierrechtsphilosophie. Seine Theorie ist wesentlich „philosophischer", abstrakter und schwieriger als die Singers. Regan hat seine Philosophie 1984 in seinem imposanten Hauptwerk „The Case for Animal Rights" dargelegt. Die folgenden Quellenangaben beziehen sich, wenn nicht anders vermerkt, auf dieses Buch. Ausgangspunkt von Regans Erwägungen ist die Feststellung, dass Tiere, namentlich normale Säugetiere, die ein Jahr alt oder älter sind, ein komplexes Seelenleben haben. Der gesunde Menschenverstand, unser üblicher Sprachgebrauch, das Verhalten der Tiere sowie rationale und evolutionstheoretische Überlegungen sagen uns, dass diese Tiere unter anderem Wahrnehmungen, Wünsche, Gedächtnis, Annahmen, Selbstbewusstsein, Zukunftsvorstellungen und klare Absichten haben. Auch haben wir, wenn wir wollen, Zugang zum tierlichen Seelenleben, das heißt, wir können erkennen, was in Tieren vorgeht und was sie wollen. Die Fakten und Argumente, die für diese Position sprechen, sind so erdrückend, dass die Beweislast auf Seiten derer liegt, die Tieren ein komplexes Seelenleben absprechen möchten. (Kap. 1 und 2, insbes. S. 34 f., 78–81, 403, 408)

### 4.2.3.1.2 Wohlergehen

Normale Säugetiere, die ein Jahr alt oder älter sind, haben ein Wohlergehen, das sich nicht grundsätzlich vom Wohlergehen des Säugetiers Mensch unterscheidet: sie haben biologische, psychologische und soziale Interessen, die im Laufe ihres Lebens mehr oder weniger realisiert bzw. erfüllt werden können. Ihnen wie uns kann es im Leben besser oder schlechter ergehen, wie wir können sie Lust und Freuden, aber auch Frustrationen und Leiden erleben. Und das Leben mancher Tiere ist insgesamt betrachtet besser, glücklicher und erfüllter als das anderer. (S. 82, 116, 119)

Zentral für das Verständnis tierlichen Wohlergehens ist eine Eigenschaft, die oft nicht nur zuwenig, sondern meist sogar überhaupt nicht beachtet wird: Autonomie. Als Wesen mit Wünschen, Zielen, Wahrnehmungen, Gedächtnis und Annahmen sind Tiere (wenn nicht anders vermerkt, sind mit Tieren immer normale Säugetiere, die ein Jahr alt oder älter sind, gemeint) in dem Sinne autonom, dass sie Präferenzen haben und diese auch selbst verfolgen können und selbst verfolgen wollen. Sie sind in der Lage, Initiativen zu setzen, um diesen Präferenzen Rechnung zu tragen, um ihre Wünsche zu erfüllen. Und sie empfinden Befriedigung dabei, ihre Ziele selbst, „auf eigene Faust", verfolgen und erreichen zu können.

Der Grad, in dem Tiere in der Lage sind, ihre Autonomie auszuleben, ist entscheidend für ihr Wohlergehen. Wenn wir ihnen die Möglichkeit nehmen zu tun, was sie wollen, frustrieren wir nicht nur ihre Bedürfnisse, sondern berauben sie auch der Befriedigung, die sie erleben, wenn sie ihre Ziele selbst und aktiv verfolgen und erreichen können. Dieser Aspekt darf nicht unterschätzt werden. So leidet etwa ein eingesperrter Wolf, der regelmäßig und ausreichend gefüttert wird, zwar gewiß nicht an Hunger, sein Nahrungsbedürfnis ist gestillt. Aber er leidet daran, sich seine Nahrung nicht selbst, vielleicht gemeinsam mit anderen Wölfen, verschaffen zu können. (S. 84-86, 92, 116)

Im Hinblick auf ihr Wohlergehen können wir Tieren nun schaden oder nutzen: Wir können Möglichkeiten schaffen bzw. vergrößern, damit sie ihre Ziele verfolgen können, oder wir können solche Möglichkeiten verringern bzw. zunichtemachen. Der Schaden, den wir Tieren zufügen können, kann zweierlei Gestalt haben: Wir können ihnen etwas antun oder ihnen etwas wegnehmen bzw. vorenthalten. Typisches Beispiel für die erste Möglichkeit ist das Zufügen von Schmerzen oder Leiden.

Und jetzt kommen wir zu einem entscheidenden Punkt: Wenn wir Tiere einer Sache berauben bzw. ihnen etwas vorenthalten (sie also auf die zweite erwähnte Art schädigen), so ist dies keineswegs notwendig und automatisch mit Schmerzen oder Leiden verbunden. Allgemeines Beispiel: Wenn wir eine kluge junge Frau mittels schmerzloser Injektion in eine zufriedene Schwachsinnige verwandeln, so schaden wir ihr zweifellos, weil wir sie (unter anderem) ihrer Autonomie und Intelligenz berauben, aber wir fügen ihr dabei keine Schmerzen oder Leiden zu.

Daher – und das ist der springende Punkt: So wichtig und notwendig es ist, tierliches Leiden zu verhindern und zu verringern – es gibt auch Praktiken, die Tieren extrem schaden, ohne ihnen Leiden zuzufügen. Und diese Schäden gilt es ebenso zu erkennen und zu bekämpfen wie Praktiken, die Leiden verursachen. Es muss nicht alles weh tun, was schadet. Auch Dinge, die wenig oder gar nicht weh tun, können einen enormen Schaden, Nachteil oder Verlust bedeuten.

Aus diesem Grund ist auch die Rechtfertigung, die zuweilen für Tierfabriken ins Treffen geführt wird, völlig unsinnig: Weil die Tiere nie ein anderes, besseres Leben kennengelernt hätten, würden sie dieses auch nicht vermissen und daher unter den gegebenen Bedingungen nicht leiden. Abgesehen davon, dass diesen Tieren de facto jede Menge aktueller Leiden zugefügt wird: Selbst wenn dies nicht der Fall wäre, ist dieses Leben für sie angesichts dessen, was ihnen vorenthalten wird, dennoch ein schrecklicher Schaden!

Es geht nicht an, Wesen, seien es nun Menschen

oder Tiere, Lebensbedingungen auszusetzen, die ihre biologischen, psychologischen und sozialen Interessen ignorieren oder bestimmte Interessen (zum Beispiel an Nahrung) zu Lasten anderer (zum Beispiel an Autonomie und Sozialleben) befriedigen, um dies dann damit zu rechtfertigen, dass sie darunter nicht litten, weil sie nicht wüssten, was ihnen abgeht.

Die Opfer brauchen weder physisch noch psychisch zu leiden noch sich eines Schadens bewusst zu sein, um einen Schaden erleiden zu können. Das gilt für ausgebeutete Tiere genauso wie für „zufriedene" Hausfrauen oder „glückliche" Sklaven. Oft ist es *gerade* das Nichtwissen um das, was einem vorenthalten wird, das den Schaden umso *größer* macht.

Die unausgesprochene These: was ich nicht weiß, macht mich nicht heiß, genauer: was ich nicht weiß, kann mir nicht schaden, ist von Grund auf falsch: Wenn ich meinen Sohn in einem komfortablen Käfig vollkommen isoliert aufziehe und dafür sorge, dass er genügend zu essen hat und nicht unnötig leidet, so weiß er auch nicht, was ihm vorenthalten wird, erleidet aber dennoch einen immensen Schaden! (S. 97 f., 116 f.)

### 4.2.3.1.3 Tod

Es gibt also Dinge, die uns schaden, obwohl sie uns nicht weh tun und obwohl sie uns vielleicht gar nicht bewusst sind. Das größte und „klassische" Übel, auf das diese Charakterisierung zutrifft, ist der Tod. Damit sind wir bei einem Punkt, der für die Bewertung unseres Umgangs mit Tieren aus *Tierrechts*sicht von zentraler Bedeutung ist, besteht doch die typische *Tierschutz*argumentation darin zu sagen: Solange den Tieren kein Leiden zugefügt wird, gibt es moralisch auch kein Problem. Das gilt für die „humane" Schlachtung von „Nutztieren" ebenso wie für den „schonenden" Umgang mit „Versuchstieren".

Aber diese Sichtweise beinhaltet eben einen grundsätzlichen Fehler: Sie übersieht, dass es neben dem Leiden, das wir Tieren zufügen, noch eine andere mögliche gravierende Schädigung gibt, die überhaupt nicht weh tun muss und die darin besteht, dass wir ihnen etwas wegnehmen, etwas vorenthalten, sie einer Sache berauben.

Und der vorzeitige Tod *ist* eine solche Beraubung, und zwar eine grundlegende und nicht wiedergutzumachende: Er beraubt uns jeder Möglichkeit künftiger Freude und Erfüllung. Einmal tot, immer tot. Der Tod ist der fundamentale Schaden, weil er der fundamentale Verlust ist: der Verlust seines Lebens und damit der Verlust seiner selbst. (Was nicht heißt, dass der Tod in jedem Fall auch das *größte* Übel sein muss. Ein Leben, das ausschließlich aus Schmerzen ohne Aussicht auf Linderung besteht, ist bestimmt schlimmer als der Tod.)

Ruth Cigman (1980) behauptet nun, dass der Tod *für Tiere* kein Schaden sei. Aber die Gründe, die sie hierfür vorbringt, sind, wie Regan zeigt, nicht besonders überzeugend. Cigman formuliert ihre Position zwar weder deutlich noch eindeutig, scheint aber Folgendes zu meinen (es geht hier weder darum, ihre Position exakt wiederzugeben, noch darum, sie endgültig zu kritisieren, sondern darum, mögliche Einwände zu würdigen):

Damit der Tod für ein Individuum ein Schaden sein kann, muss dieses Individuum einen Begriff von Leben und Tod sowie ein Bewusstsein langfristiger künftiger Möglichkeiten haben. Genau das ist aber bei Tieren nicht der Fall. Diese haben zwar offenkundig Todesangst, wenn ihr Leben akut bedroht wird, aber sie hängen quasi „blind" am Leben, ohne zu wissen, was es wirklich bedeutet und welche langfristigen Möglichkeiten es beinhaltet.

Nun fragt Regan: Was bedeutet eigentlich „langfristig"? Wie lange ist „langfristig", wie groß muss die Zukunftsperspektive sein? Immerhin haben Tiere ohne Zweifel einen Begriff von ihrer eigenen Zukunft: Sie handeln in der Gegenwart im Hinblick und mit Blick auf eine Zukunft, in der sie ihre Wünsche befriedigen möchten. Ist diese Perspektive hinreichend langfristig im Sinne von Cigmans Forderung nach einem Bewusstsein langfristiger Zukunftsmöglichkeiten?

Nehmen wir einmal an, dass Tiere Cigmans Kriterium nicht erfüllen, dass sie also keinen (hinreichenden) Begriff von Leben und Tod haben und dass ihr

Zukunftsbewusstsein nicht weit genug in die Zukunft reicht. Was folgt daraus? Es folgt, dass sie keine langfristigen Pläne machen und sich keine langfristigen Ziele setzen können. Aber aus dem Umstand, dass sich ein lndividuum seiner langfristigen Zukunftsmöglichkeiten nicht *bewusst* ist, folgt nicht, dass es keine *hat!*

Fehlendes oder mangelndes Zukunftsbewusstsein ändert überhaupt nichts daran, dass der vorzeitige Tod konkreter, existierender Wesen das Leben eben dieser Wesen vorzeitig beendet und sie damit möglicher künftiger Wunscherfüllungen beraubt! Und deshalb ist der vorzeitige Tod für diese Wesen ein Übel, ein Verlust, ein Schaden - unabhängig davon, ob sie sich ihrer Zukunftsmöglichkeiten nun bewusst sind und deshalb den bewussten Wunsch weiterzuleben haben oder nicht.

Das wird sofort klar, wenn man sich vergegenwärtigt, dass auch kleine Kinder (sowie geistig Zurückgebliebene und Senile) weder einen Begriff von Leben und Tod noch ein Bewusstsein langfristiger Zukunftsmöglichkeiten noch den bewussten Wunsch weiterzuleben haben. Niemand käme deshalb auf die Idee, ihren Tod nicht als Unglück oder Schaden für sie zu betrachten. Im Gegenteil: Der Tod von kleinen Kindern erscheint uns geradezu als *Inbegriff* der Tragik des Todes! (S. 99–102, 117 f.)

Fassen wir zusammen: Der vorzeitige Tod ist ein Übel, weil er das betroffene Lebewesen jeglicher Mög-

lichkeit künftiger Wunscherfüllung, Freude oder Befriedigung beraubt. Und zwar unabhängig davon, ob
dieses Wesen sich seiner künftigen Möglichkeiten bewusst ist, ob es einen Begriff von Leben und Tod hat,
ob es (bewusst) weiterleben will oder ob sein Sterben
mit Leiden verbunden ist. Besondere praktische Bedeutung kommt diesem Umstand zu bei der ethischen
Bewertung unseres Umgangs mit jenen Tieren, die wir
als „Fleischlieferanten" und „Versuchsobjekte" betrachten und behandeln: Selbst wenn diese Tiere „human",
also leidensfrei getötet werden (was in den allermeisten
Fällen reine Theorie ist!), ändert dies überhaupt nichts
am fundamentalen und nicht wiedergutzumachenden
Schaden, den wir ihnen damit zufügen.


### 4.2.3.1.4 Indirekte Pflichten

Regan entwickelt seine eigene Philosophie im Wider-
streit zu vorhandenen ethischen Positionen in Bezug
auf Tiere. Diese teilt er ein in solche, die von indi-
rekten Pflichten gegenüber Tieren ausgehen, und in
solche, die von direkten Pflichten gegenüber Tieren
ausgehen. In Ermangelung besserer sprachlicher Al-
ternativen werden wir vom Indirekte-Pflichten-Ansatz
(„indirect duty views") und vom Direkte-Pflichten-Ansatz („direct duty views") sprechen.

Gemeinsam ist beiden Sichtweisen: Erstens behauptet keine, dass wir mit Tieren machen können, was wir wollen. Niemand vertritt ernsthaft die Auffassung, dass unser Umgang mit Tieren keinerlei moralischen Beschränkungen unterliegt. Zweitens gehen dennoch beide Ansätze davon aus, dass es keiner *Rechte* bedarf, um den angemessenen Umgang mit Tieren sicherzustellen. Nirgendwo werden Tieren eigenständige moralische Rechte zugesprochen.

Und eben daran – das will Regan zeigen – kranken beide Ansätze. Zunächst also zum Indirekte-Pflichten-Ansatz, das heißt zu jener Position, die besagt, dass wir gegenüber Tieren lediglich indirekte Pflichten haben. Beispiele für diese Sichtweise sind etwa die Vertragstheorie John Rawls' oder die Philosophie Immanuel Kants. Auf keine dieser Theorien können wir hier näher eingehen. Also müssen wir uns mit einer allgemeinen Charakterisierung des Indirekte-Pflichten-Ansatzes begnügen.

Alle Ausformungen dieser Denkschule gehen davon aus, dass wir gegenüber Tieren ausschließlich indirekte Pflichten haben können. Direkte Pflichten können wir nur gegenüber anderen Menschen (oder gegenüber uns selbst oder gegenüber Gott) haben. Das heißt nun aber nicht, dass wir keine Pflichten *in Bezug auf* Tiere haben können. Ein Beispiel aus einem anderen Bereich soll dies verdeutlichen:

Man kann die Auffassung vertreten, dass wir gegenüber Kunstwerken, etwa gegenüber einem berühmten Gemälde, keine direkten Pflichten haben. Das heißt aber nicht, dass wir damit machen können, was wir wollen. Vielmehr bestehen hier sehr wohl Verpflichtungen, sogar direkte Verpflichtungen, aber nicht gegenüber dem Gemälde, sondern gegenüber den Menschen (inklusive jenen künftiger Generationen), die an diesem Gemälde ein Interesse haben oder haben könnten - etwa, weil sie es betrachten, studieren oder bewundern können möchten. Wir haben also zwar eine Verpflichtung *in Bezug auf* das Gemälde, aber keine Verpflichtung gegenüber dem Gemälde selbst. Eine solche direkte Verpflichtung besteht nur gegenüber Menschen.

Entsprechend können wir auch Pflichten in Bezug auf Tiere haben, etwa in Bezug auf bestimmte vom Aussterben bedrohte Arten. Aber diese Pflichten sind, soferne wir sie haben, wie die im Falle des Gemäldes, lediglich indirekter Natur. Die direkte Verpflichtung besteht gegenüber den Menschen, die ein Interesse am Fortbestehen dieser Tiere haben bzw. haben könnten - etwa weil sie sich weiter am Anblick der Tiere erfreuen oder sie wissenschaftlich erforschen möchten. (S. 150 f., 156)

Bevor wir fortfahren, müssen wir noch zwei Begriffe einführen: den des moralischen Akteurs („moral agent") und den des moralisch Betroffenen („moral patient"). Moralische Akteure sind soche Individuen, die aufgrund ihrer ausgereiften psychischen Fähigkeiten in der Lage sind, moralisch zu urteilen und moralisch zu handeln. Typische moralische Akteure sind normale erwachsene Menschen. Gemäß dem Indirekte-Pflichten-Ansatz können wir nur gegenüber solchen moralischen Akteuren direkte Pflichten haben.

Im Unterschied zu moralischen Akteuren fehlen moralisch Betroffenen jene Eigenschaften, die moralische Akteure in die Lage versetzen, moralisch zu urteilen und moralisch zu handeln. Typische moralisch Betroffene sind Säuglinge, kleine Kinder und Menschen mit geistiger Behinderung. Gegenüber moralisch Betroffenen können wir gemäß dem Indirekte-Pflichten-Ansatz lediglich indirekte Pflichten haben.

Im Folgenden wird uns vor allem eine Gruppe moralisch Betroffener interessieren: normale Säugetiere, die ein Jahr alt oder älter sind, sowie jene Menschen, deren geistige Fähigkeiten diesen Tieren entsprechen.

Um es noch einmal zu verdeutlichen: Der Umstand, dass wir gegenüber moralisch Betroffenen gemäß dem Indirekte-Pflichten-Ansatz nur indirekte Pflichten haben können, bedeutet nicht, dass wir mit ihnen machen dürfen, was wir wollen. Vielmehr kann es durchaus moralisch begründete Beschränkungen im Umgang mit moralisch Betroffenen geben. Dass wir moralisch Betroffenen gegenüber nur indirekte Pflichten haben können, heißt nur, dass die Gründe für diese Handlungsbeschränkungen nicht in diesen

Wesen selbst gelegen sein können: es geht nie darum, wie unser Handeln diese Individuen selbst betrifft.

Ausschlaggebend ist vielmehr ausschließlich, ob und wie unser Handeln andere *moralische Akteure* betrifft. Dies allein entscheidet über die moralische Zulässigkeit oder Gebotenheit einer Handlung. Die Auswirkung, die eine Handlung gegenüber einem moralisch Betroffenen *indirekt auf einen moralischen Akteur* hat, ist das einzige moralisch relevante Kriterium für die Richtigkeit oder Falschheit dieser Handlung. (S. 151-155)

Dass dieser nicht eben sympathische, gleichwohl aber in der Philosophie de facto nach wie vor ernsthaft vertretene Ansatz auch logisch-rational höchst fragwürdig ist, versucht Regan nun zu verdeutlichen. Er will zeigen, *dass die These des Indirekte-Pflichten-Ansatzes, wonach wir gegenüber Tieren und Menschen mit vergleichbaren psychischen Eigenschaften lediglich indirekte Pflichten haben, unhaltbar ist.*

Ausgangspunkt seiner Überlegungen sind unsere Intuitionen: Wenn wir darüber nachdenken, wie wir Tiere oder andere moralisch Betroffene mit vergleichbaren Eigenschaften, also etwa kleine Kinder, behandeln sollen, dann denken wir „instinktiv" zuerst nicht an die Folgen unseres Handelns für irgendwelche *andere* Betroffene (etwa für den Tierbesitzer oder für die Kindeseltern), sondern an die Folgen unseres Handelns *für diese Wesen selbst.* Wir überlegen, wie es *ihnen* gehen würde, wie *sie* sich fühlen würden, wie *ihr* Wohlergehen berührt würde. Wir glauben, dass diese Wesen *selbst* von direktem moralischem Belang sind, dass wir *ihnen* gegenüber moralische Pflichten haben.

Diese Überzeugung mag zunächst zwar „intuitiv" sein, aber auch „kühle" Rationalität und objektive Berücksichtigung aller verfügbaren Fakten führen zum gleichen Ergebnis:

Den inhaltlichen Kern unserer - zunächst - vorrationalen Überzeugung kann man so formulieren: *Wir haben eine direkte Prima-facie-Pflicht (prima facie: auf den ersten Blick), Individuen keinen Schaden zuzufügen.* Dieses Prinzip nennt Regan das Schadensprinzip („harm principle"). Prima facie ist diese Pflicht, weil sie nicht unter allen Umständen gilt, sondern unter gewissen Umständen aufgehoben werden kann, etwa bei Notwehr. Direkt ist diese Pflicht, weil wir sie gegenüber diesen Individuen selbst haben und nicht gegenüber irgendwelchen indirekt Betroffenen.

Logische und legitime Adressaten bzw. Nutznießer dieses Schadensprinzips sind nun aber keineswegs nur moralische Akteure, sondern auch moralisch Betroffene! Und zwar aus dem schlichten Grund, *dass auch sie geschädigt werden können, dass auch sie ein Wohlergehen haben, das beeinträchtigt werden kann* - unabhängig davon, ob sie nun moralisch denken oder handeln können oder nicht.

Weil auch moralisch Betroffene ein Wohlergehen haben, das beeinträchtigt werden kann, weil auch sie geschädigt werden können, gibt es keinen vernünftigen Grund, diese Beeinträchtigungen und Schäden moralisch anders oder weniger zu berücksichtigen. Deshalb muss das Schadensprinzip auch im Hinblick auf moralisch Betroffene (wie Tiere oder Menschen mit vergleichbaren Eigenschaften, etwa kleine Kinder) gelten. Auch ihnen gegenüber haben wir direkte Pflichten. Zunächst denkbare Einwände machen diese Erkenntnis nur noch deutlicher und unumgänglicher:

1) Moralische Akteure können *mehr* geschädigt werden als moralisch Betroffene. Das ist ebenso richtig wie belanglos: In Frage steht nicht die Größe des Schadens, sondern, welchen Wesen gegenüber wir direkte Pflichten haben. Die Schadenshöhe sagt nichts darüber aus, ob die Pflichten, die bei der Schädigung verletzt werden, direkte oder indirekte sind. Aus dem Umstand, dass eine bestimmte Schädigung (etwa jemanden zwei Tage in einen Abstellraum zu sperren) ein geringeres Unrecht darstellt als eine andere (etwa jemanden über Wochen zu Tode zu foltern), folgt nicht, dass wir nur im letzteren Fall direkte Pflichten gegenüber dem Betroffenen verletzen.

2) Moralische Akteure können *anders* geschädigt werden als moralisch Betroffene. Das ist richtig. Aufgrund der höheren intellektuellen Fähigkeiten von moralischen Akteuren können diese auf Weisen geschädigt

werden, die bei moralisch Betroffenen nicht möglich ist. Aber beide, moralische Akteure wie moralisch Betroffene, können auch auf die gleiche bzw. auf vergleichbare Weise geschädigt werden, etwa, indem man sie hungern lässt oder ihnen Schmerzen zufügt. Und wenn diese gleichen bzw. vergleichbaren Schäden in Frage stehen, wäre es abwegig zu sagen, dass wir nur gegenüber moralischen Akteuren eine direkte Pflicht haben, sie vor diesen Schäden zu bewahren. Das wäre eine gravierende und grobe Verletzung der ethischen Grundforderung, Gleiches auch gleich zu behandeln.

Fazit: Das Schadensprinzip gilt für moralische Akteure wie für moralisch Betroffene, insbesondere gilt es auch für normale Säugetiere, die ein Jahr alt oder älter sind, sowie für Menschen mit vergleichbaren psychischen Eigenschaften. Auch ihnen gegenüber haben wir direkte moralische Pflichten. (S. 185–193)

### 4.2.3.1.5 Direkte Pflichten

Der Direkte-Pflichten-Ansatz geht von vornherein davon aus, dass wir auch gegenüber moralisch Betroffenen (wie normalen Säugetieren, die ein Jahr alt oder älter sind, sowie Menschen mit vergleichbaren Eigenschaften) direkte Pflichten haben. Dennoch gesteht auch dieser Ansatz, wie schon festgestellt, diesen moralisch Betroffenen keine individuellen Rechte zu – weshalb auch er ungeeignet ist, unseren Pflichten gegenüber Tieren angemessen Rechnung zu tragen. Dies wird anhand von zwei Ausformungen des Direkte-Pflichten-Ansatzes veranschaulicht: am Utilitarismus und an jener Position, die Regan als Grausamkeits-Freundlichkeits-Ansatz bezeichnet („cruelty-kindness view").

Letztere ist charakteristisch für Menschen, die im traditionellen Tierschutz engagiert sind: Wir sollen gegenüber Tieren nicht grausam sein, sondern sie vielmehr möglichst freundlich behandeln. Und zwar nicht deshalb, weil unser Umgang mit Tieren letztlich auch auf unseren Umgang mit Menschen „abfärbt", sondern, weil auch Tiere von direktem moralischem Belang sind.

Warum ist diese Position nun ungeeignet, die Erfüllung unserer Pflichten gegenüber Tieren zu gewährleisten? Es gibt zwei typische Formen von Grausamkeit: eine, die man als sadistische Grausamkeit bezeichnen könnte, und eine, die man brutale Grausamkeit nennen könnte. Erstere liegt vor, wenn jemand einem anderen nicht nur (wie es ja auch etwa der Zahnarzt tut) Schmerzen zufügt, sondern dabei auch Genugtuung empfindet. Das Charakteristikum der brutalen Grausamkeit besteht hingegen tendenziell im Fehlen von Gefühlen auf Seiten des Täters: die Schmerzen, die dem Opfer zugefügt werden, sind ihm mehr oder weniger gleichgültig.

Jetzt wird erkennbar, warum unsere Pflichten gegenüber Tieren im Rahmen des Grausamkeits-Freundlichkeits-Ansatzes nicht angemessen formuliert werden können: Hier wird der Psyche des Täters ein viel zu großes Gewicht beigemessen. Wir bräuchten, um dem Grausamkeits-Freundlichkeits-Ansatz zu genügen, lediglich unsere Einstellungen und Gefühle, nicht aber unser Verhalten gegenüber den Tieren zu verändern. Damit würde zwar Grausamkeit im beschriebenen Sinne vermieden, das Los der Tiere aber nur wenig oder gar nicht verbessert. Der springende Punkt ist schlicht: Wie man sich persönlich fühlt, wenn man Tieren Schmerzen zufügt, sagt nichts darüber aus, ob es moralisch richtig oder falsch ist, dies zu tun.

Ähnliches gilt für die Forderung, „freundlich", „nett" oder „gut" zu Tieren zu sein. Damit meinen wir, dass unser Handeln von Selbstlosigkeit, Liebe oder Mitleid getragen werden sollte. So begrüßenswert und segensreich solche Einstellungen auch sind – sie sind außerstande, die Erfüllung unserer *Pflichten* gegenüber Tieren zu gewährleisten. Denn hier wird wiederum, wie bei der Grausamkeit, der Psyche des Handelnden eine zu große Bedeutung beigemessen. Die Frage, ob eine Handlung moralisch richtig ist, muss unterschieden werden von der Frage, welche psychologischen Faktoren zu ihr führten.

Ein weiterer Grund, warum die Freundlichkeitsforderung ungeeignet ist, unseren Pflichten gegenüber

Tieren Rechnung zu tragen, ist: Freundlich zu sein ist zwar zweifellos lobenswert, aber nichts, was wir jemandem *schulden,* niemand hat einen *Anspruch* auf unsere Freundlichkeit. Freundlichkeit ersetzt nicht Gerechtigkeit.

Der Grausamkeits-Freundlichkeits-Ansatz eignet sich, wie wir gesehen haben, unter anderem deshalb nicht als Rahmen für die Formulierung unserer Pflichten gegenüber Tieren, weil er statt unsere Handlungen die Psyche der Handelnden in den Vordergrund stellt. Genau dies kann man dem Utilitarismus, der zweiten Ausformung des Direkte-Pflichten-Ansatzes, der wir uns nun zuwenden wollen, nicht vorwerfen:

Utilitaristen sind sich darin einig, dass es bei der Beurteilung einer Handlung ausschließlich auf die Handlung selbst ankommt, genauer: auf die *Konsequenzen* der Handlung. Anzustreben ist jene Handlungsalternative, die für alle Betroffenen insgesamt die besten Folgen hat. Moralisch richtig ist, was „unterm Strich" am meisten Glück (bzw. am wenigsten Leiden) für alle Betroffenen bringt. (S. 195–200)

Bevor gezeigt werden kann, dass und warum auch der Utilitarismus ungeeignet ist, unsere Pflichten gegenüber Tieren angemessen zu formulieren, sollten wir uns in Erinnerung rufen, was wir bereits oben (4.2.2.2.2) als Dilemma und Schwäche des Utilitarismus identifiziert hatten: Weil es um die Maximierung der Interessen (bzw. des Glücks im weiteren Sinne) *aller*

Betroffenen geht, kann es leicht zu Ungerechtigkeiten in Bezug auf die Interessen der *einzelnen* Betroffenen kommen. Die Maximierung des Glücks aller kann leicht auf Kosten der Interessen Einzelner erfolgen.

Das bedeutet im Hinblick auf unsere Pflichten gegenüber Tieren: Deren Erfüllung kann der Utilitarismus nicht gewährleisten, weil leicht Situationen auftreten können, bei denen unsere Pflichten gegenüber einzelnen Tieren im Zuge der Glücksmaximierung für alle Betroffenen „unter die Räder kommen" können. Der Schaden, den wir Einzelnen zufügen, ist aus utilitaristischer Sicht ja nicht kritisierbar, wenn er nur mit der Glücks- bzw. Interessensmaximierung aller Betroffenen einhergeht. Auf diese Weise bleiben die Pflichten, die wir gegenüber diesen Einzelnen gemäß dem Schadensprinzip haben, unberücksichtigt.

Dies gilt generell für alle Schäden, die wir Individuen zufügen, und speziell für den Schaden, den wir Individuen zufügen, wenn wir sie töten. Auch das Töten von Individuen kann aufgrund utilitaristischer Kalkulationen nicht kritisiert werden, wenn es nur mit der Glücks- bzw. Interessensmaximierung aller Betroffenen einhergeht.

Die Probleme, die sich für den Utilitaristen im Zusammenhang mit dem Töten ergeben, wollen wir uns etwas näher ansehen: Selbst die Tötung von *moralischen Akteuren* müsste der Utilitarist hinnehmen, ja befürworten, wenn die Abwägung aller voraussehbaren

Folgen für alle Betroffenen ergibt, dass diese Tötung ein besseres „Gesamtergebnis", sprich: mehr Glück für alle, erwarten lässt als die Unterlassung dieser Tötung.

Allerdings spricht aus utilitaristischer Sicht Folgendes gegen die Tötung von moralischen Akteuren: Wenn sich unter den Menschen herumspricht, dass gelegentlich jemand getötet wird, so verbreiten sich naturgemäß Angst und Schrecken. Jeder fürchtet, selbst der Nächste sein zu können. Und diese allgemeine Angst muss bei der Abwägung aller Konsequenzen einer Tötung ebenfalls berücksichtigt werden, weshalb sich die Tötung von moralischen Akteuren aus utilitaristischer Sicht letztlich doch als (in der Regel) moralisch falsch erweist.

Diese utilitaristische Begründung des Tötungsverbots ist allerdings in höchstem Maße befremdlich: Nicht die Folgen für das Opfer sind ausschlaggebend, sondern die unangenehmen „Nebenwirkungen" für die Überlebenden. Die Schieflage der utilitaristischen Argumentation wird vollends deutlich, wenn man heimliche Tötungen betrachtet: Da hier die für die Öffentlichkeit beunruhigenden und für die moralische Verurteilung ausschlaggebenden „Nebenwirkungen" entfallen, ist gegen solche Tötungen moralisch auch nichts einzuwenden – solange es dem Täter nur gelingt, damit eine Glücksmaximierung für alle Betroffenen zu bewerkstelligen, also sicherzustellen, dass die Nachteile für den Ermordeten durch größere Vorteile für die Überlebenden ausgeglichen werden.

Wenn der Utilitarismus, wie wir eben gesehen haben, selbst die Erfüllung der grundlegendsten Pflichten gegenüber moralischen Akteuren wie normalen erwachsenen Menschen nicht gewährleisten kann, so bedarf es nicht viel Phantasie, um sich vorzustellen, wie unsere Pflichten gegenüber moralisch Betroffenen wie Tieren beim Utilitarismus aufgehoben sind!

Für das Töten von Tieren lassen sich problemlos Praktiken ersinnen, die sicherstellen, dass die Überlebenden dadurch nicht beunruhigt werden, weil sie nichts davon erfahren. Wenn das Töten dann auch noch rasch und schmerzlos erfolgt, sind dem Töten von Tieren aus utilitaristischer Sicht kaum mehr Schranken gesetzt. Und die Menschen, die vom Sterben der Tiere erfahren, werden dadurch sowieso nicht beunruhigt, da ja nicht anzunehmen ist, dass - um das Töten im Schlachthof als Beispiel zu nehmen - die Schlächter sich auf einmal von den Tieren abwenden und mit dem Schlachten von Menschen beginnen werden.

Auch der Utilitarismus ist also außerstande, unseren Pflichten gegenüber Tieren gerecht zu werden, weil er die Verletzung unserer Pflichten gegenüber Individuen immer dann zulässt, ja vorschreibt, wenn dies der Verbesserung des „Gesamtergebnisses" dient. (S. 199 ff., 228 f.)

### 4.2.3.1.6 Inhärenter Wert und Rechte

Um die massiven und unlösbaren Probleme im Zusammenhang mit dem Utilitarismus zu vermeiden, bedarf es einer grundlegenden Veränderung der Perspektive: Wir dürfen den Blick nicht immer nur auf die *Erlebnisse* von Individuen richten und diesen einen Wert zuschreiben, sondern wir müssen vielmehr die Individuen *selbst* hinreichend Ernst nehmen und *ihnen* einen Wert zuschreiben. Damit kommen wir nach Regans Kritik an existierenden ethischen Ansätzen zum Kern seines eigenen Konzepts: zum *inhärenten Wert* von Individuen.

Kennzeichnend für den Utilitarismus ist ja, dass letztlich nur die *Erlebnisse* von Individuen als wertvoll erachtet werden: Richtig ist jene Handlung, die insgesamt am meisten Glück, also am meisten glückliche Erlebnisse produziert – unabhängig davon, welche Individuen diese glücklichen Erlebnisse haben, und unabhängig davon, ob diese Glücksmaximierung auf Kosten von unglücklichen Individuen erfolgt.

Von dieser Sichtweise gilt es sich zu verabschieden. Individuen haben selbst einen Wert, einen eigenständigen Wert, einen *inhärenten Wert.* Und dieser Wert ist unabhängig vom Wert ihrer Erlebnisse. Wer ein glücklicheres Leben als ein anderer hat, ist deshalb nicht mehr wert, besitzt deshalb keinen höheren inhärenten Wert. Dieser ist unabhängig von den Erlebnissen, die ein Individuum hat.

Der inhärente Wert eines Wesens ist aber auch unabhängig von den Erlebnissen anderer. Er ist unabhängig davon, ob dieses Wesen von irgend jemandem geliebt, gehasst, bewundert oder respektiert wird. Vor allem ist der inhärente Wert eines Wesens aber auch unabhängig davon, ob dieses Wesen Gegenstand von irgend jemandes Interesse ist oder für irgend jemanden nützlich ist oder sein könnte.

Und weil der inhärente Wert eines Wesens diesem Wesen selbst anhaftet und unabhängig ist von seinen Erlebnissen und den Erlebnissen anderer, ist allen utilitaristischen „Maximierungsungerechtigkeiten" von vornherein ein Riegel vorgeschoben: Wenn Wesen einen *eigenen* Wert haben, der zählt, ist klar, dass kein Schaden, der ihnen zugefügt wird, damit gerechtfertigt werden kann, dass dadurch für *alle* am meisten Glück produziert wird.

Alle Wesen, die inhärenten Wert besitzen, besitzen ihn in gleichem Maße. Denn die Alternative dazu, Wesen aufgrund bestimmter Kriterien unterschiedlichen Wert zuzuschreiben, hat sich als fragwürdig und verhängnisvoll erwiesen. Solche „perfektionistischen" Ansätze, die den moralischen Wert von Wesen an das Haben (bzw. an die Ausprägung) bestimmter Fähigkeiten (wie etwa Intelligenz) koppeln, haben zu so absurden „Gerechtigkeits"- Konzepten und bedenklichen Praktiken wie Sklaverei und Kastenwesen geführt. (S. 233–239)

Inhärenten Wert schreibt Regan jenen Wesen zu,

die *Subjekte eines Lebens* sind. Um Subjekt eines Lebens zu sein, genügt es nicht, bloß lebendig zu sein oder bewusste Erlebnisse zu haben. Vielmehr zeichnen sich Subjekte eines Lebens durch Fähigkeiten und Eigenschaften wie Wahrnehmungen, Wünsche, Gedächtnis, Annahmen, Selbstbewusstsein, Zukunftsvorstellungen und Interessen aus. Außerdem haben sie ein individuelles Wohlergehen, das unabhängig ist davon, ob sie für jemanden anderen nützlich oder Gegenstand von irgend jemandes Interesse sind. Schließlich sind Subjekte eines Lebens autonome Wesen, die ihre Wünsche und Ziele selbst aktiv verfolgen können und wollen.

Subjekte eines Lebens - und damit Wesen mit inhärentem Wert - sind normale erwachsene Menschen, normale Säugetiere, die ein Jahr alt oder älter sind, sowie jene Menschen, deren geistigen Fähigkeiten diesen Tieren entsprechen. (S. 243 f., 246, 264, 319; vgl. Pfordten, 1996, S. 143)

Wenn aber Wesen inhärenten Wert haben, dann haben sie auch das *Recht*, dass ihr inhärenter Wert *respektiert* wird (Respekt-Prinzip), das Recht, entsprechend diesem inhärenten Wert *behandelt* zu werden. Und das heißt vor allem: Wesen mit inhärentem Wert dürfen nie so behandelt werden, als hinge ihr Wert von ihrer Nützlichkeit für andere ab. Damit verbietet sich, wie schon gesagt, jegliche utilitaristische Maximierungsstrategie: Ein Wesen, das *selbst* einen Wert hat, den es zu respektieren gilt, darf nicht geschädigt werden unter

Hinweis darauf, so die Interessen *anderer* (nämlich aller Betroffener) zu maximieren. In Anlehnung an Kant könnte man sagen: Wesen mit inhärentem Wert dürfen nie als bloßes *Mittel* zur Maximierung der Interessen aller betrachtet werden. (S. 248 f., 278 f.)

Der Respekt gegenüber dem inhärenten Wert von Wesen gebietet aber nicht nur, dass wir selbst kein solches Wesen unter Hinweis auf das beste Ergebnis für alle Betroffenen schädigen, sondern dass wir auch jenen Wesen beistehen, die von *anderen* auf diese Weise geschädigt werden oder von einer solchen Schädigung bedroht werden. Wir haben nicht nur die Pflicht, selbst den inhärenten Wert von Wesen zu respektieren, sondern auch die Pflicht, Wesen beizustehen, deren inhärenter Wert von *anderen* missachtet wird. Diese Beistandspflicht ist bei Tieren (und anderen diesbezüglich vergleichbaren Wesen) umso größer, als sie nicht in der Lage sind, ihre Rechte selbst zu verteidigen und einzuklagen. (S. 249, 281–284)

### 4.2.3.1.7 Lösung von Konflikten

Gemäß dem Schadensprinzip (vgl. oben, 4.2.3.1.4) haben moralische Akteure (insbesondere normale erwachsene Menschen) und moralisch Betroffene (insbesondere normale Säugetiere, die ein Jahr alt oder älter sind, sowie Menschen mit vergleichbaren psychischen

Eigenschaften) ein Prima-facie-Recht, nicht geschädigt zu werden. Prima facie ist dieses Recht deshalb, weil es unter bestimmten Umständen verletzt bzw. relativiert werden kann. So darf ich zum Beispiel in einer Notwehrsituation einen Angreifer durchaus schädigen. (S. 286 f., 328)

Regan entwickelt nun zwei Prinzipien, mittels derer Konfliktfälle gelöst werden können. Wir wollen sie der Einfachheit halber Konfliktlösungsprinzip 1 und Konfliktlösungsprinzip II nennen. Regan spricht vom „minimize overriding principle" und vom „worse-off principle". (Auf Regans äußerst komplexe und weit ausholende Ausführungen betreffend die Herleitung dieser Prinzipien vom Respekt-Prinzip bzw. betreffend deren Übereinstimmung mit dem Respekt-Prinzip soll hier nicht eingegangen werden. Ebensowenig auf Zusatzerwägungen im Hinblick auf mögliche Relativierungen dieser Prinzipien in besonderen Ausnahmesituationen.)

Konfliktlösungsprinzip I („minimize overriding principle"): Wenn die einzelnen Unschuldigen gleich geschädigt werden würden, sollen die wenigen Unschuldigen geschädigt werden. (S. 305, 328)

Beispiel: 51 Bergleute sind eingeschlossen. 50 sind an einem Ort gefangen, einer an einem nahegelegenen anderen. Die örtlichen, zeitlichen und technischen Verhältnisse sind dergestalt, dass entweder die 50 auf Kosten des einen gerettet werden können oder der eine auf

Kosten der 50. Konfliktlösungsprinzip I fordert, dass der eine geopfert werden soll. (S. 298, 307)

Konfliktlösungsprinzip II („worse-off principle"): Wenn die einzelnen Unschuldigen ungleich geschädigt werden würden, sollen jene geschädigt werden, die weniger geschädigt werden. (S. 308, 328)

Beispiel 1: Wenn A vom Tod bedroht wird und B von einem Migräneanfall und wir nur einem helfen können, dann sollen wir A helfen. (S. 309)

Beispiel 2: Bei einem Schiffsunglück gibt es fünf Überlebende: einen Hund und vier normale erwachsene Menschen. Das einzige Rettungsboot kann nur vier Individuen fassen. Wer soll über Bord geworfen werden? - Der Hund, weil der Tod für ihn einen geringeren Schaden darstellt als für jeden Menschen. (Der Schaden, den der Tod für ein Individuum bedeutet, ist eine Funktion der künftigen Befriedigungsmöglichkeiten, die der Tod vereitelt.) Daran würde sich auch nichts ändern, wenn anstatt zwischen einem Hund und vier Menschen zwischen einer Million Hunden und vier Menschen entschieden werden müsste: auch dann müssten die Hunde geopfert werden - weil es um den Schaden geht, der dem Einzelnen zugefügt wird, nicht um irgendwelche Schadenssummen. (S. 324 f., 309 f.)

(An dieser Stelle soll eine Warnung an all jene Leserinnen und Leser ausgesprochen werden, die sich jetzt vielleicht anhand des Originaltextes selbst ein Bild machen möchten: Das Konfliktlösungsprinzip II, wie es oben formuliert wurde, konnte erst aufgrund mühsamen Studiums der von Regan angeführten Beispiele (re)konstruiert werden. Seine eigene ausdrückliche Formulierung dieses Prinzips (S. 308, 328) ist nicht bloß missverständlich, sondern schlicht falsch, das heißt nicht in Einklang mit seinen eigenen Beispielen.)

### 4.2.3.1.8 Vegetarismus

Wie bei Singer wollen wir nun auch bei Regan die praktischen Konsequenzen seiner Philosophie anhand des Fleischessens veranschaulichen. Bevor wir uns aber der grundsätzlichen ethischen Bewertung des Fleischessens im Lichte von Regans Philosophie zuwenden, wollen wir uns, als Fleißaufgabe quasi, auf einen Nebenschauplatz begeben und Fleischessen vor dem Hintergrund von Konfliktlösungsprinzip II betrachten. „Fleißaufgabe" und „Nebenschauplatz" deshalb, weil hier in Wirklichkeit natürlich überhaupt kein Konflikt vorliegt: Es besteht keinerlei wie immer geartete Notwendigkeit, Fleisch zu essen, und wer darauf verzichtet, erleidet keinerlei Schaden - das Gegenteil ist der Fall. Dennoch hat Regan auch diesen Aspekt beleuchtet:

Selbst *wenn* wir es als „Schaden" betrachteten, auf Fleisch zu verzichten - weil uns dadurch bestimmte Geschmackserlebnisse sowie Freuden bei der Essens-

zubereitung entgingen –, so wäre dieser „Schaden"
doch zweifellos unvergleichlich geringer als der Schaden, den Tiere täglich in Tierfabriken erleiden. Also
müssten wir gemäß Konfliktlösungsprinzip ll diesen
kleineren Schaden auf uns nehmen, um die Tiere vor
dem ungleich größeren Schaden, der ihnen im Zuge
der Fleischproduktion erwächst, zu bewahren. Daran
änderte sich im Übrigen auch nichts im Falle von „human", „biologisch" oder sonst irgendwie „schonend"
aufgezogenen und geschlachteten Tieren, da auch sie
vorzeitig getötet werden. Dadurch werden sie *aller*
künftiger Befriedigungsmöglichkeiten beraubt, während unser „Schaden" – nach wie vor – lediglich im
Verzicht auf bestimmte Geschmacks- bzw. Kocherleb-
nisse besteht. (S. 333–336, 394)

Nun aber zur grundsätzlichen ethischen Bewertung
des Fleischessens. Dazu wollen wir uns kurz in Erinnerung rufen, was oben (4.2.3.1.6) in Bezug auf Lebewesen mit inhärentem Wert gesagt wurde:

Wesen mit inhärentem Wert (also normale erwachsene Menschen, normale Säugetiere, die ein Jahr alt oder
älter sind, sowie Menschen, deren geistigen Fähigkeiten
diesen Tieren entsprechen) haben einen eigenständigen
Wert, der unabhängig ist von den Erlebnissen anderer.
Insbesondere ist ihr Wert unabhängig davon, ob sie
Gegenstand von irgend jemandes Interesse sind oder
für irgend jemanden nützlich sind. Dieser inhärente
Wert muss respektiert werden. Deshalb dürfen Wesen

mit inhärentem Wert nie so behandelt werden, als hinge ihr Wert von ihrer Nützlichkeit für andere ab.

Genau das machen wir aber mit den Tieren, die für unseren Konsum bestimmt sind: Ihr Wert wird ausschließlich in ihrer Nützlichkeit für andere, nämlich für uns, gesehen! Wir betrachten und behandeln sie als erneuerbare Ressourcen, deren Wert *ausschließlich* in ihrer Nützlichkeit für Fleischproduzenten und Fleischkonsumenten besteht.

Dass wir den Tieren obendrein endloses Leiden zufügen, ist ein *zusätzliches* Unrecht. Das Grundübel ist, dass wir ihren inhärenten Wert missachten. Deshalb macht es moralisch auch keinen prinzipiellen Unterschied, ob wir die Tiere „intensiv" oder „human" züchten: Die „human" oder „biologisch" gehaltenen Tiere werden genauso vorzeitig getötet und als erneuerbare Ressourcen betrachtet wie alle anderen. (S. 343-345, 394)

Bei der Fleischerzeugung wird der inhärente Wert von Tieren routinemäßig missachtet. Deshalb haben Menschen die moralische Pflicht, damit aufzuhören, diese Praktik durch den Kauf von Fleisch zu unterstützen. (S. 346, 351, 394)

Schließlich noch eine Bemerkung zu den Tieren, die wir essen, die aber keine Säugetiere sind. Das betrifft insbesondere jene Tiere, die wir mit dem merkwürdigen Wort „Geflügel" zusammenfassen. Hierzu ist zu sagen, dass wir schlicht nicht wissen, wo genau die Grenze zwischen jenen Tieren, die Subjekte eines Lebens sind und damit inhärenten Wert haben, und jenen, die keine Subjekte eines Lebens sind, zu ziehen ist (geschweige denn, ob es eine solche „klare" Grenze überhaupt gibt). Wenn dies aber so ist und vor allem wenn der zu zahlende moralische Preis bei einer Fehlentscheidung so hoch ist, wie er ist, dann sollten wir „im Zweifel für den Angeklagten", das heißt für die uns ausgelieferten Tiere entscheiden und sie so behandeln, als *wären* sie Subjekte eines Lebens. Dies umso mehr, als diese Entscheidung für uns mit keinerlei Schaden, der diese Bezeichnung verdient, verbunden ist. (S. 349, 365–367)

### 4.2.3.2 Kritik

Das Erste, was aus unserer primären Bewertungsperspektive zu Regans Philosophie wohl zu sagen ist, ist: Das ist eine imposante, umfassende und aufschlussreiche Theorie, aber völlig ungeeignet, Menschen, die gegenüber Tieren gleichgültig sind oder (aufgrund des allgegenwärtigen Bio- und Tierwohlgeschwafels) sogar ein gutes Gewissen haben, aufzurütteln und für die Notwendigkeit von Tierrechten zu sensibilsieren. Alles viel zu kompliziert!

Von anderen Autoren wird Regan vor allem im Hinblick auf die von ihm vertretenen philosophischen Grundpositionen kritisiert. Hierauf einzugehen, also das Für und Wider allgemeiner philosophischer Ansätze zu diskutieren, kann aber sinnvollerweise nicht Gegenstand unserer Ausführungen in diesem Rahmen sein.

Hingewiesen sei aber auf folgende häufig (unter anderem von Pfordten, 1996, S. 145, Wolf, 1990, S. 39-42, und S. 73) vorgetragene Kritik: Nach Regan besitzen alle Subjekte eines Lebens inhärenten Wert, und zwar *gleichen* inhärenten Wert. Wenn aber – und dies ist der Einwand – das Subjekt-eines-Lebens-Sein seinerseits den Besitz bestimmter empirischer Eigenschaften und Fähigkeiten (wie etwa von Wahrnehmungen, Wünschen, Zukunftsvorstellungen, individuellem Wohlergehen und Autonomie) voraussetzt, dann müsste doch auch der inhärente Wert von Subjekten eines Lebens entsprechend der Ausprägung dieser Eigenschaften und Fähigkeiten variieren.

Diese Kritik ist allerdings kaum gerechtfertigt. Jedenfalls dann nicht, wenn man an der eigentlich selbstverständlichen - dennoch aber regelmäßig unbeachteten - Forderung festhält, dass es unstatthaft ist, die Tierethik mit Stringenzkriterien zu befrachten, von deren Einhaltung die Menschenethik meilenweit entfernt ist:

Bei einem Teil der Wesen, die Subjekte eines Lebens sind, bei Menschen nämlich, verfahren wir seit jeher nicht viel anders als Regan und haben damit offenkundig überhaupt keine Probleme: Auch unseren

Wert machen wir an *höchst variablen,* sprich: bei unterschiedlichen Menschen unterschiedlich ausgeprägten empirischen Merkmalen fest, beharren aber dennoch demonstrativ, ja geradezu provozierend auf der *Gleichwertigkeit aller Menschen.* So werden wir etwa nicht müde, auf unsere phantastischen Leistungen in Kunst und Wissenschaft zu verweisen, die unsere Großartigkeit begründen und uns himmelhoch über die gesamte übrige Schöpfung heben.

Daneben bedienen wir uns freilich auch noch einer anderen Argumentationsstrategie: Unser wahrer Wert liege in unserem Menschsein selbst begründet und sei daher unabhängig von faktischen Fähigkeiten und Begabungen. In diesem Zusammenhang entfaltet traditionell die notorisch unantastbare Menschenwürde ihre wundersame und wolkige Wirkung, deren Funktion nicht zuletzt darin besteht, den Widerspruch zwischen beiden genannten Argumentationslinien zu vernebeln.

Wir haben also ein empirisches und ein metaphysisches menschliches Wertmodell im Angebot. Einerseits berufen wir uns auf unsere fabelhaften künstlerischen und wissenschaftlichen Leistungen usw., andererseits bemühen wir eine uns allen gleichermaßen anhaftende nebulose Würde, wenn die Unterschiede zwischen den Menschen allzu deutlich ins Auge stechen.

In der Praxis bevorzugen wir freilich eine handliche Mischargumentation: Wenn es gilt, die Gleichwertigkeit aller Menschen zu betonen, verweisen wir auf die

Menschenwürde, wenn wir auf das imposante Niveau, auf dem wir uns alle befinden, hinweisen möchten und dem Ganzen obendrein einen empirisch-wissenschaftlichen Anstrich verleihen möchten, verweisen wir auf unsere brillanten geistigen Leistungen. Verglichen mit diesem Bauchladen falsch oder nicht deklarierter Argumentationselemente erscheint Regans Ansatz geradezu als Muster von Redlichkeit und Transparenz!

Aber betrachten wir die beiden genannten Argumentationslinien in Bezug auf den Wert menschlicher Subjekte eines Lebens einmal getrennt, um sie dann mit Regans Ansatz konkret in Bezug zu setzen.

Da haben wir also zuerst die Berufung auf die bewundernswerten menschlichen Fähigkeiten und Leistungen – etwa im kulturellen und wissenschaftlichen Bereich. Gleichzeitig beharren wir aber auf der Gleichwertigkeit aller Menschen. Wenn wir diese Position akzeptieren, können wir Regan schlecht kritisieren. In beiden Fällen koexistieren gleicher moralischer Wert und unterschiedliche Ausprägung empirischer Merkmale. Darauf, dass die entsprechenden Unterschiede unter Menschen nicht ins Gewicht fielen, können wir uns jedenfalls nicht berufen. Man denke nur etwa an Leonardo, Einstein oder Bach einerseits und dann an andere Vertreter unserer Spezies, denen wir so im Alltag begegnen!

Und das zweite menschliche Wertkonstituierungmodell: Der Wert von Menschen beruhe schlicht auf ihrem Menschsein. Jetzt stelle man sich einmal das

Geschrei vor, das anheben würde, hätte Regan Tieren auf ähnlich „elegante" Weise Wert verliehen, also ohne auf empirische, faktische, wissenschaftliche Parameter Bezug zu nehmen!

*Für* Regans Ansatz spricht vor allem, dass das Subjekt-eines-Lebens-Kriterium in der Tat ein angemessenes, vernünftiges, weil kategoriales Wertkonstituierungskriterium zu sein scheint (vgl. Regan, 1984, S. 244 f.) – jedenfalls ein viel plausibleres als die Eigenschaft, zur Spezies Homo sapiens zu gehören. Denn Wesen mit einem individuellen Wohlergehen, das unabhängig ist von den Interessen anderer, mit Gedächtnis, Zukunftsvorstellungen und Wünschen, die sie selbst und aktiv verfolgen können und wollen, eben Subjekte eines eigenen Lebens, unterscheiden sich ja tatsächlich von allen anderen Entitäten im Universum in moralisch höchst relevanter Weise. Die Tatsache, *zu* dieser Kategorie zu gehören, erscheint wesentlich bedeutsamer als alle Abstufungen *innerhalb* dieser Kategorie.

Und schließlich: In gewisser Weise ist das Leben aller Subjekte eines Lebens wirklich gleich wertvoll, und zwar nicht nur in einem moralisch-grundsätzlichen, sondern in einem konkret argumentierbaren Sinne: Für jedes Subjekt eines Lebens ist sein Leben – so „bescheiden" es auch immer sein mag – alles, was es hat. Jedes Wesen hat ja nur ein, nämlich sein Leben. Und insofern für jedes Subjekt eines Lebens sein Leben alles ist, was es hat, ist jedes Leben eines Subjekts eines Lebens auch gleich wertvoll.

## 4.2.4 Gary L. Francione

### 4.2.4.1 Darstellung

Peter Singer und Tom Regan lieferten die ersten beiden großen Entwürfe einer Tierrechtsphilosophie. Ihre Theorien können nach wie vor als die dominierenden angesehen werden. Auf alle Fälle dienen sie als Kontrast- bzw. Vergleichspunkte für neuere Konzepte. Zwei solche neueren Konzepte wollen wir uns im Folgenden ansehen, das von Gary L. Francione sowie das von Sue Donaldson und Will Kymlicka. Im Unterschied zur Präsentation von Singers und Regans Theorien werden Franciones sowie Donaldsons und Kymlickas Ansätze lediglich skizzenhaft dargestellt werden.

Der von Gary L. Francione (2014) geprägte Begriff „Theorie der Geistesverwandtschaft" steht für die moralische Position, dass Tiere, die uns in besonderem Maße „geistesverwandt", sprich: in psychischer Hinsicht besonders ähnlich sind, eine bevorzugte moralische Behandlung verdienen. Ein typisches Beispiel für diese Sicht- und Bewertungsweise ist das Great-Ape-Projekt, das den Großen Menschenaffen einen besonderen moralischen Status zubilligt. Auf den ersten Blick markiert die Theorie der Geistesverwandtschaft einen Fortschritt, weil damit zumindest einige Tiere in die Gemeinschaft der Gleichen aufgenommen werden. In Wirklichkeit, so Franciones Kritik, erleichtert es dieser

Ansatz aber nur, alle anderen „nicht so besonderen"
Tiere weiterhin aus der moralischen Gemeinschaft auszuschließen. Anstatt hohe Hürden für die ernsthafte
moralische Berücksichtigung von Tieren zu errichten,
sollten wir, so Francione, anerkennen, dass allein die
Empfindungsfähigkeit ausreicht, um vollwertiges Mit-
glied der moralischen Gemeinschaft zu sein.

Zur praktischen Umsetzung dieses Konzepts bedarf
es allerdings der Abschaffung des Eigentumsstatus von
Tieren. Denn solange Tiere unser Eigentum sind, werden de facto alle Interessenerwägungen vom Verhält-
nis Eigentümer – Eigentum dominiert, ja bestimmt,
Tiere werden als Dinge wahrgenommen und wie Dinge
behandelt. Der Eigentumsstatus der Tiere wirkt sich
doppelt negativ für Tiere aus: erstens hindert er uns an
der Erkenntnis, dass tierliche Interessen den unseren
ähneln, zweitens verführt er dazu, selbst als ähnlich
erkannte tierliche Interessen den menschlichen Interessen unterzuordnen. Der Eigentumsstatus der Tiere
nimmt das Ergebnis moralischer Erwägungen und Ab-
wägungen de facto immer schon vorweg und muss daher beseitigt werden.

## 4.2.4.2 Kritik

Unabhängig von unserer skizzenhaften Darstellung kann Franciones Position m. E. grundsätzlich nicht stringent wiedergegeben werden, weil sie schlicht nicht stringent formuliert ist: Die (logischen) Beziehungen der Elemente von Franciones Ansatz zueinander bleiben letztlich unklar. Das gilt insbesondere für den zentralen Eigentumsbegriff, dessen Stellenwert eher historisch / erläuternd als philosophisch / sachlich dargelegt wird. Auch bleibt unklar, worum es letztlich geht: Tiere nicht als *Dinge* oder nicht als *Ressourcen* oder nicht als *Eigentum* zu behandeln. Nicht unerwähnt bleiben soll auch, dass Franciones Darstellung von Singers Position, um das Mindeste zu sagen, höchst missverständlich ist. Mit anderen Worten: Bei Francione hapert es an der Nachvollziehbarkeit seiner Ausführungen – und damit auch an deren Überzeugungskraft.

Außerdem sollten moralische Positionen auch auf moralischer Ebene formuliert werden – u. a. damit man sie auch mit anderen moralischen Positionen vergleichen kann. Vor allem aber sollten Tierrechtstheorien auf moralischer Ebene formuliert werden, weil Tierrechte – wie Menschenrechte – primär *moralische* Ideen, Forderungen und Konzepte sind (siehe Singer und Regan). Die dann natürlich auch politisch umgesetzt werden müssen. Aber man kann weder bei Menschenrechten noch bei Tierrechten quasi im ersten Stock (mit dem Argumentieren und Begründen) beginnen.

Der bei Francione zentrale Begriff des Eigentums ist aber eher im *Politischen* angesiedelt. Außerdem stellt sich die Frage: Welchen Vorteil bringt eigentlich der Eigentumsbegriff im Vergleich zum bloßen Operieren mit dem Empfindungsbegriff? Wenn das Problem mit Tieren bzw. das Problem der Tiere wirklich am Eigentum, im Besessenwerden läge, dürfte es ja beispielsweise bei Kanalratten und Streunern, die niemandes Besitz sind, keine Probleme geben. Das ist aber keineswegs der Fall, im Gegenteil: *Gerade* diese und andere „herrenlose" Tiere werden *besonders* rücksichtslos verfolgt und drangsaliert!

### 4.2.5 Sue Donaldson und Will Kymlicka

#### 4.2.5.1 Darstellung

In ihrem Buch „Zoopolis: Eine politische Theorie der Tierrechte" (Donaldson / Kymlicka, 2013) wählen Sue Donaldson und Will Kymlicka, wie schon der Titel sagt, eine ausdrücklich *politische* Herangehensweise an Tierrechte. Wir folgen hier dem Überblick, den sie in „Von der Polis zur Zoopolis" (Donaldson / Kymlicka, 2014) geben. Die Autoren entwickeln ihr Tierrechtskonzept in strikter Analogie zu Menschenrechten: Alle Wesen, die empfindungsfähig sind, Interessen und ein subjektives Wohlergehen haben, also ihr Leben aus einer Innenperspektive erfahren, sollten unverletzliche *Grundrechte* haben. Auf menschlicher Ebene wären das die *universellen Menschenrechte.*

Aber weder auf menschlicher noch auf tierlicher Ebene ergeben solcherart Grundrechte hinreichende Leitlinien für das konkrete Handeln. Um die spezifischen Rechte und Pflichten zwischen den Menschen untereinander sowie zwischen Tieren und Menschen in den Blick und in den Griff zu bekommen, müssen wir uns auf die *politische* Ebene begeben. Folgende Begriffe der politischen Theorie bieten den Orientierungsrahmen: Staatsbürgerschaft, Souveränität und Einwohnerstatus.

Beginnen wir auf der menschlichen Ebene, die, wie gesagt, bei Donaldson / Kymlicka Vorbildfunktion für Tierrechte hat. Die Autoren bringen folgendes anschauliche und hilfreiche Bild: Auf einem Flughafen unseres Landes treffen wir auf eine Gruppe von Menschen, die gerade ein Flugzeug verlassen. Von all diesen Menschen wissen wir von vornherein, dass ihnen universelle Menschenrechte zustehen, wir sie also beispielsweise keinesfalls foltern, umbringen oder versklaven dürfen. Bei der Passkontrolle ergibt sich schon eine differenziertere Situation. Da treffen wir etwa auf Mitbürger, die zusätzlich zu ihren Menschenrechten, die sie mit allen Menschen teilen, auch noch *staatsbürgerliche Rechte* haben, etwa das uneingeschränkte Recht, das Land zu betreten und sich hier niederzulassen. Außerdem haben sie als Bürger, als Angehörige des „Volkes" das Recht, sich an der Ausübung der Volkssouveränität zu beteiligen. Bei anderen Flugpassagieren handelt es sich u. a. um Touristen, ausländische Studenten und eingereiste Geschäftsleute. Sie sind keine Staatsangehörigen und haben deshalb auch kein uneingeschränktes Einreiserecht. Sie werden sich vorher um eine entsprechende Berechtigung, etwa ein Visum, gekümmert haben. Diese Menschen haben auch nicht das Recht, sich an der Ausübung der Volkssouveränität zu beteiligen.

Bleiben wir noch kurz beim Unterschied zwischen Bürgern und Nichtbürgern. Geht es etwa um den Bau von Sozialwohnungen, Pflegeheimen oder U-Bahnen, sind nicht die Interessen beispielsweise der Touristen entscheidend, sondern die der Bürger. Andererseits dürfen die Bürger die Touristen nicht versklaven, damit sie ihnen bei der Arbeit helfen. Die allgemeinen Menschenrechte schränken die Möglichkeiten der Bürger bei der Realisierung des öffentlichen Wohles ein.

Die geschilderten Prinzipien wenden Donaldson / Kymlicka nun auch auf Tiere an. Um das Ergebnis gleich vorwegzunehmen und einen Überblick zu geben: Domestizierte Tiere sollen Mitbürger in unserer politischen Gemeinschaft werden, wildlebende Tiere als Angehörige ihrer eigenen souveränen Gemeinschaften respektiert werden und sogenannte „Grenzgänger-Tiere" (Tiere, die in von Menschen geschaffenen ökologischen Nischen leben) Einwohnerstatus erhalten. Wir beschränken uns hier auf die domestizierten Tiere.

Domestizierte Tiere sind solche, die gezielt gezüchtet wurden, um unseren Zwecken zu dienen: zur Ernährung, zum Schutz, als Gesellschaft usw. Diese Tiere wurden in unsere Gemeinschaft hineingebracht und sind mittlerweile völlig abhängig von uns. Dadurch haben wir sie, jedenfalls kurzfristig, jeder anderen möglichen Existenzform beraubt. Die Domestizierung war mit vielen Grausamkeiten und Ungerechtigkeiten verbunden: Gefangenschaft, erzwungene Fortpflanzung und Arbeit sowie meist vorzeitiger Tod.

Die Domestizierung kann mit dem Import von Sklaven aus Afrika verglichen werden. Auch sie wurden unfreiwillig in andere Länder gebracht, um dort zu arbeiten. Die einzige moralisch legitime Reaktion auf *beide* Formen der Unterwerfung, auf die Versklavung von Tieren *wie* Menschen, besteht für Donaldson / Kymlicka nun darin, diesen Tieren und Menschen den Status von Mitbürgern zu geben. Mit anderen Worten: Bei domestizierten Tieren sollte die Einbürgerung, die bei Sklaven bzw. deren Nachkommen erfolgt ist, nachgeholt werden, domestizierte Tiere sollten den Status von Mitbürgern erhalten.

Das hieße nun, dass nicht nur die unverletzlichen Grundrechte dieser Tiere respektiert werden müssten, sondern dass sie auch das Recht hätten, bei uns zu leben. Ihre Interessen müssten bei der Bestimmung des öffentlichen Wohles berücksichtigt werden. Konkret bedeutete dies etwa, dass diese Tiere Anspruch auf den Schutz durch das Gesetz hätten sowie auf öffentliche Schutzmaßnahmen, etwa Rettungsdienste. Auch müssten ihre Interessen bei der Gestaltung öffentlicher Räume und Institutionen berücksichtigt werden.

Der Mitbürgerstatus domestizierter Tiere würde die Nutzung ihrer Arbeitskraft und ihrer Produkte nicht ausschließen. Von Mitbürgern einen Beitrag zu verlangen, ist legitim. Dabei darf aber der Mitbürgerstatus nie außer Acht gelassen werden. Dazu gehört, dass Handlungsfähigkeit und Interessen der Tiere stets respektiert werden müssen. Die Arbeitsbedingungen müssen gut sein und die Tiere die Möglichkeit haben, die Arbeit zu verweigern. Begrenzte Arbeitszeiten, ausreichende Pausen, sichere Arbeitsbedingungen und Pensionsprogramme müssen gewährleistet sein. Der erpresserische Einsatz von Zuwendung, Leckereien oder anderen Anreizen ist unzulässig. Analoges gilt für den Gebrauch tierlicher Produkte, etwa von Wolle.

## 4.2.5.2 Kritik

Hier handelt es sich um ein ausformuliertes *politisches* Konzept von Tierrechten. Menschen, die von der Notwendigkeit von Tierrechten bereits überzeugt sind, werden den Ausführungen und Forderungen von Donaldson / Kymlicka vermutlich sofort zustimmen. Aber kaum jemand, für den Tierrechte noch „Neuland" sind. Und das ist ein großes Problem, denn der „Witz" von Tierrechtskonzepten besteht ja, wie gesagt, darin, Menschen von der Richtigkeit und Notwendigkeit von Tierrechten zu überzeugen. Überzeugungspotential besteht aber nur auf der *moralischen* Ebene, bei moralischen Überlegungen - nicht bei deren politischen Schlussfolgerungen. Ein Beispiel:

Auf der moralischen Ebene kann ich etwa so argumentieren: Das Gleichheitsprinzip, dass man Gleiches bzw. Ähnliches auch gleich bzw. ähnlich bewerten und behandeln soll, erkennst du doch an. Gleiche Leistungen sollen gleich belohnt werden, gleiche Vergehen gleich bestraft werden usw. Wenn man nun dieses Gleichheitsprinzip auf unseren Umgang mit Tieren anwendet, erkennt man leicht, dass wir hier meilenweit davon entfernt sind, tierliche Interessen *gleich* zu berücksichtigen wie vergleichbare menschliche Interessen. Und so weiter. Mit etwas Glück und Geschick mag es mir auf diese Weise gelingen, mein Gegenüber dafür zu sensibilisieren, dass etwa unsere Gewohnheit, Fleisch zu essen, moralisch falsch, weil mit dem Gleichheitsprinzip unvereinbar ist. Völlig chancenlos wäre ich hingegen, wenn ich mit Donaldson / Kymlicka sagte: Du darfst kein Schnitzel mehr essen, weil Schweine unsere neuen Mitbürger sind! Damit werde ich niemanden überzeugen - aus einem einfachen Grund: Bei einer politischen Tierrechtstheorie fehlen die unverzichtbaren moralischen Zwischen- bzw. Überzeugungsschritte.

Hingewiesen sei auch auf diesen Punkt: Mit ihrem Hinweis, dass es nicht ungebührlich sei, von tierlichen Mitbürgern einen Beitrag zu verlangen (in Form tierlicher Arbeitsleistungen und Produkte), führen Donaldson / Kymlicka ein vertragstheoretisches Element ein. Nun erweist sich aber die Vertragstheorie, wonach nur Rechte haben kann, wer auch entsprechende Pflichten eingehen und erfüllen kann, schon im menschlichen Bereich als höchst problematisch (vgl. Singer, 2013, S. 120 ff.): Da das wichtigste Motiv, ein solches stillschweigendes bzw. vorgestelltes Vertragsverhältnis zum wechselseitigen Vorteil (nach dem Motto „tust du mir nichts, tu ich dir nichts") einzugehen, der Eigennutz ist, hätten beispielsweise seinerzeit die weißen Sklavenhändler keinen Grund gehabt, ihre Opfer besser zu behandeln, als sie es tatsächlich taten, und wir keinen Grund, uns in ökologischen Fragen solidarisch mit unseren Nachkommen zu zeigen, weil weder (die völlig unterlegenen) Sklaven noch künftige Generationen die Möglichkeit hatten bzw. haben, sich für unser Wohlverhalten erkenntlich zu zeigen oder sich wegen unserer Schandtaten an uns zu rächen. Auch kleinen Kindern und geistig Behinderten fehlen offenkundig die Voraussetzungen, um an einer solchen „Ethik der Gegenseitigkeit" teilzunehmen. Und um Tiere aus der Ethik überhaupt zu *verbannen*, waren vertragstheoretische Ansätze seit jeher ein beliebtes und bewährtes Instrument. Ein historisch wie sachlich solchermaßen belastetes Element in einen Tierrechtsansatz zu integrieren, erhöht nicht eben dessen Überzeugungskraft.

## 4.2.6 Grundsätzliche Kritik am politischen Konzept von Tierrechten

Dass und warum politische Theorien von Tierrechten ungeeignet sind, Menschen von der Notwendigkeit von Tierrechten zu überzeugen, haben wir bei Donaldson und Kymlicka schon gesehen (u. a. weil die unverzichtbaren moralischen Zwischen- bzw. Überzeugungsschritte fehlen). Bernd Ladwigs (2020) systematische Darstellung des politischen Konzepts von Tierrechten veranschaulicht dramatisch und eindringlich die *grundsätzliche* Krux bei politischen Tierrechtsansätzen. Jedenfalls aus der Perspektive von jemandem, dem, wie Ladwig, die *Verwirklichung* von Tierrechten ein Anliegen ist. Die Krux beim politischen Konzept von Tierrechten ist: Es ignoriert die gesellschaftliche Realität und verkennt die Zusammenhänge zwischen moralischer und politischer Ebene. Was kompliziert klingt, ist leicht erklärt - anhand eines utopischen Szenarios:

Durch die dauernden erschütternden Berichte über das Unrecht gegenüber Tieren und die Qualen, die Tiere täglich erleiden müssen, hat sich in der Bevölkerung ein immenses moralisches Problembewusstsein dergestalt aufgebaut, dass die Menschen einfach nicht mehr bereit sind, diese Zustände weiter hinzunehmen und drastische Veränderungen im Umgang mit Tieren verlangen. Das Einzige, was noch fehlt, ist ein politisches Instrumentarium, um diese Wut und Empörung zu kanalisieren und die Situation der Tiere effizient und nachhaltig zu verbessern. In *dieser* Situation wären tierrechtspolitische Konzepte sinnvoll und zielführend!

Aber die Realität ist eine völlig andere: Durch die permanente Verblödung der Bevölkerung durch Bio- und „Tierwohl"-Lügen in Wort und Bild sind die Menschen intellektuell längst paralysiert, mehr noch: sie haben sogar mehrheitlich ein ganz gutes Gewissen gegenüber Tieren, weil ja sowieso alles Erdenkliche für deren Wohl getan wird - siehe die Traumlandschaften im Fernsehen, auf den Plakaten und auf den Verpackungen, in denen die Tiere ihr Leben verbringen. „Hauptsache, ein glückliches Leben!" lautet auch die Losung, die Tierproduzenten und Tierkonsumenten friedlich vereint - auf Kosten der Wahrheit und auf Kosten der Tiere - ausgeben. In dieser Situation und zu diesem Zeitpunkt sind tierrechtspolitische Konzepte nicht nur sinnlos, sondern ausgesprochen schädlich: weil sie das Kontingent schwer verständlicher Tierrechtstheorien, die einfache überzeugende Tierrechtskonzepte verdecken, weiter vergrößert.

In Wirklichkeit ist die Sache aber noch schlimmer: Solange die *Umsetzung* selbst elementarer Tierrechte nicht nur keine Fortschritte macht, sondern die Situation immer schlechter wird – noch nie war die Diskrepanz zwischen der faktischen Behandlung der Tiere und dem Unrechtsbewusstsein der Menschen größer –, ist schon die „*Verfeinerung*" traditioneller (moralischer) Tierrechtskonzepte obszön. (So wie es in einem Land, in dem Folter an der Tagesordnung ist, obszön wäre, wenn gleichzeitig auf den Universitäten Menschenrechtskonzepte optimiert würden!) Dann noch eine zusätzliche theoretische Ebene einzuführen, die politische Tierrechtsphilosophie, ist aus der Opferperspektive betrachtet wohl pervers.

Ein starkes Indiz für die Gefährlichkeit bzw. Schädlichkeit des politischen Tierrechtsansatzes ist übrigens Ladwig selbst: Je weiter er sich vom Buchdeckel, auf dem „Tierrechte" steht, entfernt, desto öfter ist von „Tierwohl" die Rede. Und er gibt Tipps für die Bewusstseinsbildung in Richtung Tierrechte, die inhaltlich auch von einer PR-Agentur im Dienste der Fleischindustrie stammen könnten (so wie das Bio-Tierwohl-Lügen-Märchen):

„Die Tierwohlposition gibt das größte Unrecht [die Opferung wichtiger tierlicher Interessen für vergleichsweise triviale menschliche Zwecke, H. F. K.] im Grunde schon als das einzige aus. Solange es aber andauert, sollten Tierrechtler ihre Kritik an der Tierwohlposition zurückstellen und diese zur Bündnisbildung nutzen. Sie sollten daher aus pragmatischen Gründen nicht ausgerechnet solche Forderungen besonders betonen, die sie von der Tierwohlposition trennen [!, H. F. K.]." (Ebenda, S. 386)

„Die Fundamentalkritik an solchen Versuchen [medizinisch aussichtsreichen Tierversuchen, die nur wenigen Tieren Leiden und Tod bringen, H. F. K.] könnte mögliche Bündnispartner verprellen [!, H. F. K.]. Noch größer ist die Gefahr, dass sie eine breitere Öffentlichkeit befremdet [!, H. F. K.]." (Ebenda)

Egal ob diese Tipps nun von PR-Beratern oder Tierrechtsphilosophen stammen, ihre Beherzigung ist der Garant dafür, dass Tierrechte nie verwirklich werden! Test: Man mache das Gedankenexperiment, wie es um Menschenrechte bestellt wäre, hätten sich deren Befürworter an solchen Vorgaben orientiert!

Erstaunlicherweise ist sich Ladwig der fundamentalen Krux bei politischen Tierrechtskonzepten sogar bis zu einem gewissen Grad bewusst, stellt er doch fest:

„Ganz offenbar wäre ... ein gesetzlicher Zwang, um eine vegetarische oder gar vegane Lebensweise durchzusetzen, heute überall auf der Welt bestenfalls vergeblich. Ohne eine *kulturelle Revolution* [Hervorhebung, H.

F. K.] in unseren Einstellungen zu Tieren werden sich deren Rechte jedenfalls mit demokratischen Mitteln nicht umfassend verwirklichen lassen. Bis auf weiteres werden wir daher mit dem zweitbesten Mittel *moralischer Empörung* [Hervorhebung, H. F. K.] auskommen und auf öffentliche Überzeugungsbildung setzen müssen." (Ebenda, S. 219 f.)

So gesehen ist die politische Tierrechtsphilosophie wohl nur das drittbeste Mittel! Ladwig weist fairer-, richtiger- und notwendigerweise darauf hin (ebenda, S. 215 f.), dass die strikte Unterscheidung zwischen traditioneller (moralischer) Tierrechtsphilosophie und neuer politischer Tierrechtsphilosophie insofern falsch bzw. übertrieben ist, als auch bei Singer und Regan schon politische Begriffe und Themen eine wichtige Rolle spielen: „Befreiung", „Rechte", „Gerechtigkeit", öffentliche Bewusstseinsbildung. Man habe lediglich nicht konkret thematisiert, ob und wie bestehende Institutionen, Strukturen und Prozesse zwecks Verwirklichung von Gerechtigkeit für Tiere verändert werden müssen.

## 4.2.7 Grundsätzliche Kritik am Tierrechtsbegriff auf kantischer Grundlage

Seit einiger Zeit tauchen im Zusammenhang mit Tierrechten immer öfter Kants Namen und Philosophie in Erscheinung. Das verheißt angesichts des primären Zieles von Tierrechtskonzepten, speziesistische Menschen für Tierrechte zu gewinnen, naheliegenderweise nichts Gutes, ist doch Kants Theorie geradezu ein Paradebeispiel für eine schwer verständliche (und vielfältigst interpretierbare) Philosophie. Außerdem argumentiert Kant bekanntermaßen ausdrücklich *gegen* Tierrechte (gegenüber Tieren hätten wir, vgl. Wolf, 2012, S. 42 f., lediglich *indirekte* Pflichten)! Auch das prädestiniert Kant nicht gerade dafür, die Basis für einen Tierrechtsbegriff zu liefern. Und noch weniger, dass er nachweislich von falschen faktischen Voraussetzungen ausgeht – und daher tierliches Person-Sein nicht begreifen und berücksichtigen kann. (Vgl. Kaplan, 2014, S. 40 f.)

Polemisch könnte man sagen, Kant als Basis für Tierrechte zu wählen, ergibt als *handwerkliche Herausforderung* durchaus Sinn – nach dem Motto: Ich kann *sogar Kant* in Richtung Tierrechte biegen! Aus Tierrechtsperspektive sinnvoll ist, wie gesagt, diese Vorgangsweise nicht. Mit Kant für Tierrechte zu argumentieren, gleicht eher dem Vorhaben, anstatt mit einem neuen großen Pinsel eine Wand anzustreichen, dafür eine alte Zahnbürste zu nehmen: hinbekommen wird man es vielleicht irgendwie, aber mit Riesenaufwand und ruinösem Ergebnis.

Wer das für übertrieben hält, lese Christine Korsgaards (2014) Aufsatz „Mit Tieren interagieren: Ein kantianischer Ansatz": „philosophisch" im Sinne von Fußnoten-gesättigt, für Laien völlig unverständlich und daher total ungeeignet, irgendjemanden für die Sinnhaftigkeit und Notwendigkeit von Tierrechten zu sensibilisieren, geschweige denn, davon zu überzeugen. Tierrechte so begründen zu wollen, kommt *im Ergebnis* (in der Wahrnehmung von Nichtphilosophen) dem Beweis gleich, dass Tierrechte *nicht* begründet werden können!

Ursula Wolf (2012) gelingt eine gut nachvollziehbare Erläuterung der Unstimmigkeiten in Kants Philosophie in Bezug auf Tiere. So veranschaulicht sie zum Beispiel das Spannungverhältnis zwischen Kants (privater) Tierliebe und den theoretischen Erfordernissen seiner Philosophie. (S. 39-44) Außerdem zeigt Wolf, wie sich die Grundprobleme und -widersprüche in Kants Philosophie auch in den Theorien seiner Nachfolger Habermas und Korsgaard niederschlagen. (S. 44-47)

Schließlich soll noch auf einen quasi vulgär-kantischen Tierrechtsbegriff hingewiesen werden, der insbesondere im Kielwasser von Donaldsons / Kymlickas Buch „Zoopolis" seit einiger Zeit ab und zu durch die Medien geistert. Unter Hinweis auf Kant heißt es dann,

Tiere müssten als Zwecke an sich betrachtet werden und das entspräche dann (irgendwie) den Rechten, die es nun für Tiere einzufordern gelte. Wie man sich das genauer vorzustellen habe, erschließt sich aus den Texten eigentlich nie – nur, dass irgendwie alles sonnenklar sei und auf dem großen Kant beruhe. Ohne Martin Balluch für diesen diffusen Tierrechtsbegriff verantwortlich machen zu wollen, sei im Folgenden ein Zitat von ihm angeführt, das veranschaulichen soll, wovon die Rede ist: In „Kant revisited: Die beste Begründung für Tierrechte" schreibt Balluch etwa (vgl. auch Balluch, 2014, S. 174):

„Da alle Wesen mit Bewusstsein im Reich der Zwecke partizipieren und zumindest im passiven Sinn Zwecke verfolgen, für die der Anspruch gilt, dass sie als gleichwertig gut an sich anzuerkennen sind, müssen alle Wesen mit Bewusstsein als Zwecke an sich anerkannt werden, nicht nur die Menschen, wie bei Kant. Das bedeutet, dass es moralische Pflichten gegenüber allen Wesen mit Bewusstsein gibt und dass der kategorische Imperativ lautet, alle Wesen mit Bewusstsein niemals nur als Mittel zum Zweck sondern immer auch als Zweck an sich zu respektieren."

Nebenbei bemerkt: Auch bei Regan, der bekanntlich schon, salopp formuliert, „Kant auf Tiere umgelegt hat", ist sinngemäß vom Zweck-an-sich-Status der Tiere die Rede, aber nicht in Bezug auf alle Tiere mit

*Bewusstsein*, sondern nur in Bezug auf die Tiere, die inhärenten Wert, also *Selbstbewusstsein*, haben.

## 4.3 Einfaches Tierrechtskonzept

### 4.3.1 Charakterisierung und Funktion

Es gibt ein einfaches und überzeugendes Tierrechtskonzept. Die wichtigste Funktion eines jeden Tierrechtskonzepts ist wohl, jene Menschen zu überzeugen, die der Tierrechtsidee noch reserviert, skeptisch oder gar ablehnend gegenüberstehen. Bevor wir uns dieses einfache Tierrechtskonzept ansehen, soll aber dessen biologischer, philosophischer und kultureller Hintergrund etwas ausgeleuchtet werden. Dieser Hintergrund bzw. diese Basis beinhaltet gleichzeitig jene Elemente, die für die Konkretisierung und praktische Umsetzung von Tierrechten entscheidend und wegweisend sind.

### 4.3.2 Biologische, philosophische und kulturelle Voraussetzungen

#### 4.3.2.1 Person-Sein

Rationale, selbstbewusste und autonome Wesen nennt man in der Philosophie „Personen". (Singer, 2013, S.

140-143, 157 f., 175) Zur Veranschaulichung des Person-Seins sollen die Elemente des Person-Seins kurz erläutert bzw. charakterisiert werden:

- Rationalität: Rational zu sein, vernünftig zu sein, bedeutet, folgerichtig denken zu können, zum Beispiel Ursache-Wirkung-Zusammenhänge erfassen zu können. (Kaplan, 2014, S. 56)
- Selbstbewusstsein: Personen haben ein Bewusstsein ihrer selbst als im zeitlichen Ablauf identische Wesen. Sie wissen, dass sie im zeitlichen Ablauf sie selbst bleiben und haben daher nicht nur Erinnerungen an die Vergangenheit, sondern auch Erwartungen und Absichten im Hinblick auf die Zukunft und verhalten sich dementsprechend. (Singer, 2013, S. 174–180)
- Autonomie: Autonom sein heißt, fähig zu sein, eine Wahl treffen und das Ergebnis dieser Wahl auch selbst verwirklichen zu können (Singer, 2013, S. 158) oder allgemeiner, entscheiden zu können, wie man leben will (Singer, 2013, S. 126).

Auch viele Tiere sind Personen. Auch viele Tiere haben die Fähigkeiten, Bedürfnisse und Interessen von Personen. Anfangs konnten, so Singer, nur Menschenaffen zuverlässig als Personen identifiziert werden. Aber je mehr wir über die intellektuellen Fähigkeiten von Tieren wissen, desto mehr Tiere müssen wir als Personen klassifizieren. Derzeit: auch Elefanten, Delphine und einige Vögel. Allerdings sollten wir, wo wir unsicher sind, den Grundsatz „Im Zweifel für den Angeklagten" gelten lassen. Tun wir dies, kommen hinzu: Affen, Hunde, Katzen, Schweine, Seehunde, Bären, Rinder, Schafe, vielleicht auch Vögel und Fische. (Ebenda, S. 218; vgl. S. 180-184, 186 f., 189; vgl. Kaplan, 2019, S. 61)

## 4.3.2.2 Evolutionäre Kontinuität

Charles Darwin (1966, S. 160 f.) schreibt:

„Wie groß auch der Unterschied zwischen den Seelen der Menschen und der höheren Tiere sein mag, er ist doch nur ein gradueller und kein prinzipieller. Wir haben gesehen, daß die Gefühle und Anschauungen, die verschiedenen Affekte und Fähigkeiten, wie Liebe, Gedächtnis, Aufmerksamkeit, Neugierde, Nachahmungstrieb, Überlegung usw., deren sich der Mensch rühmt, in ihren Anlagen und manchmal auch in einem ziemlich entwickelten Zustand in den Tieren vorhanden sind."

Evolutionäre Kontinuität besagt, dass die Unterschiede zwischen Spezies eher gradueller denn grundsätzlicher Natur sind. (Bekoff, 2008, S. 14) Diese Kontinuität bezieht sich nicht nur auf die anatomischen Strukturen (von Herzen, Nieren, Zähnen usw.), sondern auch auf geistige und emotionale Fähigkeiten. Mit anderen Worten: Die Wurzeln unserer eigenen Intelligenz und Emotionen finden wir in Tieren. „Die Ähnlichkeiten und Kontraste verschiedener Arten sind Nuancen oder Schattierungen von Grau, keine Schwarz-Weiß-Unterschiede." (Ebenda, S. 55; vgl. Wild, 2013, S. 33 ff., 54, Wise, 2006, S. 39) Marc Bekoff (2001, S. 54) veranschaulicht die evolutionäre Kontinuität mit folgendem Vergleich: Auch die Unterschiede zwischen einem Rolls Royce und einem Ford sind gradueller, nicht prinzipieller Natur, denn beide sind Autos.

Was die evolutionäre Kontinuität für das Person-Sein bedeutet, liegt auf der Hand: Es gibt nicht nur Lebewesen, die eindeutig Personen sind, und Lebewesen, die eindeutig keine Personen sind, sondern es gibt vor allem Lebewesen, die mehr oder weniger Personen sind, Lebewesen, deren Person-Sein stärker oder schwächer ausgeprägt ist. (Vgl. Kaplan, 2019, S. 76 f.)

### 4.3.2.3 Graduelle Rechte-Zuschreibung

In Bezug auf Autonomie weist Steven M. Wise (2001, S. 256 f.) auf folgenden Punkt hin: Wenn die Autonomie von Menschen sehr gering ist, werden ihre Rechte entsprechend reduziert oder eingeschränkt: Sie dürfen z. B. nicht wählen, nicht als Zeugen aussagen oder ihre Bewegungsfreiheit wird zu ihrem eigenen Schutz oder zum Schutz der Allgemeinheit reduziert. Aber niemand käme auf die Idee, diese Menschen deshalb als Sachen zu betrachten oder als Sklaven zu halten oder mit ihnen Experimente zu machen. Gemäß dem Gleichheitsgrundsatz sollten die Rechte, die Tieren zugestanden werden, ebenfalls entsprechend ihrer Autonomie variieren.

Und Peter Singer (2013, S. 191) macht in Bezug auf das Person-Sein folgende programmatische Aussage:

„Vorausgesetzt, dass wir die genannten Unterschiede zwischen normalen erwachsenen Menschen und nichtmenschlichen Tieren akzeptieren, so könnten wir das Unrecht zu töten nicht bloß einseitig in Abhängigkeit davon, ob das getötete Wesen eine Person ist oder nicht, begreifen, sondern graduell, und zwar abhängig davon, ob das getötete Wesen im vollen Wortsinn eine Person ist oder ob es sich um eine potenzielle Person handelt, ob es überhaupt Selbstbewusstheit besitzt, in welchem Umfang es nach unserer günstigsten Schätzung in die Zukunft gerichtete Wünsche hat und wie bedeutsam diese Wünsche für sein Leben sind. Das Strafrecht mag aus Vernunftgründen einen anderen Standpunkt einnehmen, weil dem Allgemeinwohl mit Gesetzen, die scharfe Trennlinien vorsehen, möglicherweise besser gedient ist. Die wesentlichen moralischen Erwägungen jedoch legen nahe, die Frage als ein zusammenhängendes Ganzes zu betrachten."

Worauf obige spezifische Ausführungen in Bezug auf Autonomie bzw. Person-Sein / Selbstbewusstsein allgemein hinauslaufen bzw. allgemein hinauslaufen sollten, ist klar: Wenn die Person-Elemente Rationalität, Selbstbewusstsein und Autonomie und damit die personalen Fähigkeiten, Bedürfnisse und Interessen graduell abgestuft auftreten, dann sollten selbstverständlich auch die Rechte, die ein Leben gemäß diesen personalen Fähigkeiten, Bedürfnissen und Interessen gewährleisten sollen, graduell abgestuft zugeschrieben werden! Alles andere ist so irrational, unfair und inkonsequent, wie es wäre, einem Lebewesen, das einen geringeren Nahrungsbedarf hat, nicht weniger, sondern nichts zu essen zu geben. Oder einem Wesen, das für sein Wohlbefinden weniger oder anderer Voraussetzungen bedarf (Hunde und Katzen brauchen etwa keine Küchen, keine Bibliotheken und keine Religionsfreiheit, wohl aber etwa einen ruhigen Ort und angemsessenes Essen), gleich gar keine Ansprüche zu erfüllen. (Vgl. Kaplan, 2019, S. 77-79)

## 4.3.2.4 Marginal Cases

Egal, ob es um das Person-Sein geht oder um dessen Elemente oder um irgendwelche anderen Merkmale – es ist keineswegs so, dass die höheren Merkmalsausprägungen immer bei Menschen und die niedrigeren

Merkmalsausprägungen immer bei Tieren zu beobachten wären. Vielmehr weisen viele Tiere im Hinblick auf beliebige Merkmale höhere Ausprägungen auf als viele Menschen!

Doch sehen wir uns die Sache systematischer bzw. genauer an: Kein Merkmal, das von irgendjemandem als moralisch relevant erachtet wird, verläuft entlang der Speziesgrenze Menschen - Tiere. Mehr noch: Es gibt, wie gesagt, Tiere, bei denen das betreffende Merkmal sogar stärker ausgeprägt ist als bei bestimmten Menschen. Nehmen wir etwa die Merkmale Autonomie, Rationalität und Selbstbewusstsein. Wenn wir uns Vorhandensein und Ausprägung dieser Merkmale bei Menschen und Tieren genau ansehen, erkennen wir das fundamentale Dilemma derer, die auf einer menschlichen Sonderstellung beharren wollen, nämlich,

„daß jede Eigenschaft, die alle Menschen besitzen, nicht nur Menschen zukommt. Zum Beispiel können alle Menschen, aber nicht nur Menschen, Schmerzen empfinden; und während schwierige mathematische Probleme zwar nur Menschen lösen können, können es doch nicht alle Menschen. So zeigt es sich, daß in dem einzig möglichen Sinne, in dem wir eine faktische Gleichheit von Menschen wirklich behaupten können, zumindest manche Angehörige anderer Spezies ebenfalls ‚gleich' sind." (Singer, 1996, S. 378)

Das Dilemma manifestiert sich insbesondere im Zusammenhang mit menschlichen „Randexistenzen" (daher: „marginal cases"): Wenn wir daran festhalten, dass Autonomie, Rationalität und Selbstbewusstsein die Grundlage für eine moralische Sonderstellung bilden, so müssen wir (bestimmten) geistig behinderten, geisteskranken, hirngeschädigten und komatösen Menschen diesen Status absprechen, da diese Menschen nicht oder kaum autonom, rational und selbstbewusst sind. Formulieren wir hingegen die Voraussetzungen für einen herausgehobenen moralischen Status so großzügig, dass sie auch von diesen Menschen erfüllt werden, müssen wir konsequenterweise auch vielen Tieren diesen Status zuerkennen, da viele Tiere diese Voraussetzungen *spielend* erfüllen. Wir kommen einfach nicht um die Tatsache herum, dass viele Menschen, denen wir einen bestimmten moralischen Status nicht absprechen wollen, im Hinblick auf beliebige Merkmale ein deutlich *niedrigeres* Niveau aufweisen als viele Tiere. (Vgl. Singer, 2013, S. 128 f., Dombrowski, 1988, S. 14, Regan, 1982, Newmyer, 1996.)

Die Marginal Cases-Perspektive veranschaulicht drastisch die absurde Inkonsequenz – und Ungerechtigkeit – in unserem Umgang mit Menschen und Tieren: wenn Tieren, bei denen moralisch relevante Merkmale *stärker* ausgeprägt sind als bei bestimmten Menschen, ein *geringerer* (oder gar kein!) Rechte-Schutz zugestanden wird als diesen Menschen. Ein Beispiel von Steven

M. Wise (2001): Angesichts der komplexen Autono-
mien von Schimpansen und Bonobos würden wohl
nur wenige Menschen Menschen auf gleichem Autono-
mie-Niveau das Recht auf körperliche Unversehrtheit
und Freiheit absprechen. (S. 253) Manche Menschen,
z. B. einige geistig Behinderte, haben sogar eine deutlich geringere Autonomie als Schimpansen und Bonobos oder gar keine Autonomie. Dennoch werden diesen Menschen von Gerichten regelmäßig Grundrechte
zugestanden. Gleichzeitig Schimpansen und Bonobos
mit *größerer* Autonomie diese Grundrechte zu verweh-
ren, ist absurd. Und irgendwo wird das Missverhältnis
zwischen autonomen Tieren *ohne Grundrechte* und nicht
oder kaum autonomen Menschen *mit Grundrechten* völlig unvertretbar. (S. 255) (Vgl. Kaplan, 2019, S. 79-81)

## 4.3.2.5 Antibiologistische Fortschrittstendenz

Auch eine fundamentale kulturelle Fortschrittstendenz, die bereits vielen benachteiligten Gruppen zur
berechtigten Verbesserung ihres Rechtsstatus verholfen
hat, spricht für Tierrechte, nämlich die Tendenz: Weg
von biologischen oder biologistischen Kollektivdefini-
tionen, -abwertungen und -diskriminierungen hin zu
gleichen bzw. analogen Rechten:

- Weg von: Du bist schwarz, also weniger intelligent, also zum Sklaven bestimmt. Hin zu: Gleiche Rechte unabhängig von der Hautfarbe.
- Weg von: Du bist eine Frau, also weniger intelligent, also sollst du dich unterordnen. Hin zu: Gleiche Rechte unabhängig vom Geschlecht.
- Weg von: Du bist schwul, das ist unnatürlich, also gehörst du eingesperrt. Hin zu: Gleiche Rechte unabhängig von der sexuellen Orientierung.
- Weg von: Du bist ein Tier, also weniger wert, also können wir dich aufessen und mit dir Experimente machen. Hin zu: Fundamentale Rechte unabhängig von der Spezieszugehörigkeit.

Zu dieser antibiologistischen kulturellen Fortschrittstendenz gehört auch die „Abschaffung der Menschenrassen" – bzw. aus heutiger Sicht: die Erkenntnis, dass es nie Menschenrassen gegeben hat. Der Titel der Ausstellung, die vom Mai 2018 bis Jänner 2019 im Deutschen Hygiene-Museum in Dresden gezeigt wurde, sowie der Titel des Berichts dazu von Anne Hähnig bringen den heutigen Wissensstand auf den Punkt:

- „Rassismus. Die Erfindung von Menschenrassen" (Hähnig, 2018, S. 34)
- „Hirngespinst der Wissenschaft" (Hähnig, 2018, S. 34)

Wissenschaftlich gesehen gibt es gar keine Menschenrassen, stellt Xaver von Cranach in einem Artikel über die Ausstellung fest: Zwischen Menschen sei die genetische Varianz zu gering, als dass der Rassebegriff bei Menschen einen Sinn ergebe. (Cranach, 2018, S. 128). „Keiner behauptet, es gebe Rassen", erklärt die Kuratorin der Ausstellung, Susanne Wernsing. „Und dennoch taucht bei einigen Menschen immer wieder der Zweifel auf: Oder gibt es sie vielleicht doch?" (Hähnig, 2018, S. 34) Dass es solche Zweifel heute noch gibt, ist eigentlich wenig erstaunlich, enthält doch, z.B., die Brockhaus Enzyklopädie von 1971 noch vier (!) Tafeln mit 64 (!) Bildern zu „Menschenrassen".

Ein wichtiger - und für das Thema Menschenrechte und Tierrechte entscheidender - Punkt ist, dass die Wissenschaft im Umgang mit vermeintlichen Rassen keineswegs objektiv, sondern Interessen- und Vorurteils-geleitet war: Mediziner, Biologen und Ethnologen machten sich an die Vermessung des Menschen, etwa von Kriminellen, mit der Erwartung, die Neigung zu kriminellem Verhalten sei angeboren und könne bei künftigen Generationen vorbeugend erkannt werden. Ähnlich verfuhr man mit Menschen aus den Kolonialstaaten. (Hähnig, 2018, S. 34). Dazu Kuratorin Wernsing: „Der Begriff der Rasse diente nie nur dazu, Unterschiede zu beschreiben, er war immer mit einer Wertung verbunden" (Hähnig, 2018, S. 34).

Xaver von Cranach beschreibt das Grundmuster rassistischen Denkens wie folgt: Dieses sei immer dann stark, wenn etwas in Bewegung gerate und dadurch eine Unordnung entstehe. Um aus dieser Unordnung Kapital zu schlagen, werde diese in eine vermeintlich natürliche Ordnung zurückgeführt. (Cranach, 2018, S. 128) In einem Text zur Ausstellung veranschaulicht der Historiker Christian Geulen dieses Muster:

„Erst als Humanismus, Naturrecht und Aufklärung aus dem christlichen Menschheitsverständnis das säkulare Konzept einer universalen Menschheit entwarfen, bedurften die faktischen Differenzierungen, Ungleichheiten und Ungleichbehandlungen zwischen Menschen einer neuen Begründung." (Cranach, 2018, S. 128)

Nachdem Menschenrechte proklamiert worden waren, mussten also Menschen geschaffen werden – „andere Rassen" –, für die diese Rechte nicht gelten: weil die Idee der Gleichheit schlicht nicht mit der gesellschaftlichen Wirklichkeit übereinstimmte. (Cranach, 2018, S. 128)

Wir haben gesehen, dass bei der Klassifizierung von Menschen Objektivität und Wissenschaftlichkeit oft auf der Strecke blieben. Nicht anders verhält es sich bei der Klassifizierung von Tieren: Gleich mehrere Autoren des von Paola Cavalieri und Peter Singer herausgegebenen Sammelbandes „Menschenrechte für die Großen Menschenaffen" betonen, dass die übliche wissenschaftliche Systematik weniger die biologischen Fakten widerspiegelt als die Irrationalität und Hybris des Menschen. Richard Dawkins weist auf die Künstlichkeit der konventionellen Kategorie Menschenaffe hin: „Es gibt keine natürliche Kategorie, zu der Schimpansen, Gorillas und Orang-Utans gehören, nicht aber der Mensch" (Dawkins, 1994, S. 129). Auch für Jared Diamond ist die traditionelle Unterscheidung von Menschen und Menschenaffen schlicht eine „Verzerrung der Tatsachen" (Diamond, 1994, S. 147). Er veranschaulicht dies mit dem Hinweis, dass, sollten je außerirdische Systematiker auf die Erde kommen, um ein Verzeichnis ihrer Bewohner anzulegen, diese ganz bestimmt Menschen und Schimpansen der gleichen Gattung zuordnen würden. (Diamond, 1994, S. 150 f.) Ähnlich äußern sich R. I. M. Dunbar (Dunbar, 1994, S. 173) und Matthias Glaubrecht (Glaubrecht, 1990, S. 70). Lakonisch-lapidar die Paläontologin Meave Leakey: „Biologisch betrachtet ist der Mensch eine Schimpansenart" (Siegeszug aus der ..., 1995, S. 231). (Vgl. Kaplan, 2020, S. 71-73)

### 4.3.3 Einfaches Tierrechtskonzept: Recht auf gleiche Interessenberücksichtigung

Die folgende Charakterisierung von Tierrechten basiert auf einer Begründung, die Peter Singer vorgeschlagen hat: dem Gleichheitsprinzip. (Siehe oben 4.2.2.1.1, 4.2.2.1.2, 4.2.2.1.3, vgl. v. a. auch Singer, 2008) Nun behauptet natürlich kein vernünftiger Mensch, dass Menschen und Tiere in einem faktischen Sinne gleich wären. Menschen und Tiere haben – wie auch die Menschen untereinander – *unterschiedliche Interessen.* Deshalb wäre es auch völlig verfehlt, Menschen und Tiere *gleich zu behandeln,* denn unterschiedliche Interessen rechtfertigen und erfordern eine unterschiedliche Behandlung. So brauchen etwa Hunde und Katzen im Unterschied zu Menschen keine Religionsfreiheit und kein Wahlrecht – weil sie damit nichts anfangen könnten. Und Männer brauchen im Unterschied zu Frauen keinen Schwangerschaftsurlaub – weil sie nicht schwanger werden können.

Was das Gleichheitsprinzip fordert, ist schlicht dies: *Wo* Menschen und Tiere gleiche bzw. ähnliche Interessen haben, da sollen wir diese gleichen bzw. ähnlichen Interessen auch *gleich berücksichtigen:*

- Weil alle Menschen ein Interesse an angemessener Nahrung und Unterkunft haben, sollen wir dieses Interesse auch bei allen Menschen gleich berücksichtigen – und dürfen nicht willkürliche Diskriminierungen aufgrund von Hautfarbe oder Geschlecht vornehmen. Also kein *Rassismus* und *Sexismus.*

- Und weil sowohl Menschen als auch Tiere ein immenses Interesse haben, nicht zu leiden, sollen wir dieses Interesse bei Menschen und Tieren auch gleich berücksichtigen – und dürfen nicht willkürliche Diskriminierungen aufgrund der Spezies vornehmen. Also kein *Speziesismus.*

Die Tierrechtsbewegung ist nichts anderes als die konsequente und notwendige Fortsetzung der Menschenrechtsbewegung, konkreter: der Befreiung der Sklaven, der (amerikanischen) Bürgerrechtsbewegung und der Emanzipation der Frauen. Immer ging und geht es darum, moralische Diskriminierungen aufgrund moralisch belangloser Merkmale zu erkennen und zu überwinden:

- Wir haben erkannt, dass die Hautfarbe belanglos ist.
- Wir haben erkannt, dass die Geschlechtszugehörigkeit belanglos ist.
- Wir sollten erkennen, dass auch die Speziesgehörigkeit moralisch belanglos ist:

Warum sollte man jemanden quälen dürfen, weil er zu einer anderen Spezies gehört? Gleicher Schmerz ist gleich schlecht, egal ob er von Weißen, Schwarzen, Männern, Frauen oder Tieren erlebt wird. Die Ausbeutung und Diskriminierung aufgrund der Spezies ist genauso falsch wie Rassismus und Sexismus.

Wir sagten: Gleiche bzw. ähnliche Interessen von Menschen und Tieren sollen gleich berücksichtigt werden. Anders formuliert: Tiere haben das *Recht,* dass ihre Interessen gleich berücksichtigt werden wie ähnliche menschliche Interessen. Tierrechte sind dann die Summe der Ansprüche, die sich aus dieser gleichen

Berücksichtigung ergeben. Der entscheidende Satz, der diesen Tierrechtsbegriff charakterisiert, lautet also:

Tiere haben das *Recht*, dass ihre Interessen gleich berücksichtigt werden wie ähnliche menschliche Interessen.

Das heißt zum Beispiel ganz konkret:

- Ich schlage ein Kind und ein Pferd jeweils so, dass es dem Kind und dem Pferd den gleichen Schmerz verursacht. (Dafür muss ich natürlich das Pferd entsprechend stärker schlagen.) Wenn ich das verursachte gleiche Schmerzerlebnis dem Kind nicht zumuten würde, darf ich es auch dem Pferd nicht zumuten. Das Pferd hat das *Recht*, nicht auf diese Weise behandelt zu werden.
- Ich sperre einen Menschen und ein Tier jeweils auf eine Weise ein, die beiden das gleiche Leiden aufgrund von Enge und Eingesperrtsein verursacht. (Dafür muss ich mich natürlich über die Lebensgewohnheiten und Bedürfnisse des betroffenen Tieres kundig machen, um ein ähnliches Leidensniveau zu gewährleisten.) Wenn ich das verursachte Leiden aufgrund von Enge dem Menschen nicht zumuten würde, darf ich es auch dem Tier nicht zumuten. Das Tier hat das *Recht*, nicht auf diese Weise behandelt zu werden.
- Ich versetzte einen Menschen und ein Tier jeweils

in eine Situation, die beiden das gleiche Ausmaß an Angst verursacht. (Dafür muss ich mich natürlich über die Lebensgewohnheiten und Bedürfnisse des betroffenen Tieres kundig machen, um ein ähnliches Leidensniveau zu gewährleisten.) Wenn ich die verursachte Angst dem Menschen nicht zumuten würde, darf ich sie auch dem Tier nicht zumuten. Das Tier hat das *Recht*, nicht auf diese Weise behandelt zu werden.

Viele (psychologische) Tierversuche sind im Übrigen *von vornherein* so angelegt, dass eine möglichst große Ähnlichkeit zwischen menschlicher und tierlicher Situation gewährleistet sein soll, weil ihr Zweck gerade darin besteht, anhand der Tiere Methoden oder Medikamente für Menschen zu entwickeln, die bei den betreffenden Problemen, z. B. Ängsten oder Schmerzen, optimal helfen. Man kann sich also schlecht darauf hinausreden, ein Vergleich zwischen Menschen und Tieren sei leider kaum möglich, weshalb auch dieses Tierrechtskonzept bedauerlicherweise an der Praxis scheitere. (Vgl. Kaplan, 2016, S. 173-176)

Bei allen Tierrechtstheorien stellt sich an der Schwelle zum moralischen Handeln die Frage: Aber was bedeutet diese Theorie nun konkret für mein Handeln? Bei Singer beginnt etwa jetzt, nimmt man seinen Utilitarismus Ernst, das große Rechnen: Welche positiven und negativen Folgen hat zum Beispiel das Fleischessen für alle Betroffenen? Bei Regan stellt sich vielleicht angesichts eines Huhnes die Frage, ob das denn überhaupt einen inhärenten Wert habe. Die Forderung, tierliche Interessen gleich zu berücksichtigen wie ähnliche menschliche Interessen, erweist hingegen Fleischessen, Pelztragen, Tierversuche usw. praktisch augenblicklich als moralisch grundfalsch. (Vgl. Kaplan, 2016, S. 178)

*Nachdem* in der Bevölkerung ein moralisches Problembewusstsein in Bezug auf Tiere entstanden ist und ein politischer Wille, den täglichen Terror gegen Tiere zu beenden, ist es auch sinnvoll, sich an die *Umsetzung* dieses Zieles zu machen. Etwa zu prüfen, welche Menschenrechte der „Allgemeinen Erklärung der Menschenrechte" Vorbildfunktion für Tierrechte haben können. Und da gibt es einiges zu entdecken! Zum Beispiel das Recht auf Leben, Freiheit und Sicherheit (Artikel 3), das Verbot der Sklaverei, Knechtschaft und des Sklavenhandels (Artikel 4) und das Folterverbot (Artikel 5). (Vgl. Kaplan, 2019, S. 90 f.) Entscheidende Faktoren bei der sinnvollen und notwendigen Anpassung von Menschenrechten für Tiere bzw. bei der Konkretisierung von Menschenrechten für Tiere sind das tierliche Person-Sein, die evolutionäre Kontinuität und die graduelle Rechte-Zuschreibung.

# 5. Zusammenfassende Erläuterung der „Feindschaften" gegenüber der Tierrechtsidee

Anhand wichtiger faktischer und ethischer Informationen und Aspekte sollen die „Feindschaften" gegenüber der Tierrechtsidee erläutert werden:

*1) Tierproduzenten und Tierkonsumenten* haben naheliegenderweise weder etwas am Hut mit den grauenhaften Fakten um Aufzucht, Transport und Tötung von Tieren noch etwas am Hut mit ethischen Ansätzen, die diese grauenhaften Fakten bechreiben und bewerten. Tierproduzenten und Tierkonsumenten bilden eine mächtige Allianz zum wechselseitigen Vorteil und zu Lasten der Tiere und der Wahrheit.

Tierproduzenten und Tierkonsumenten schaden der Tierrechtsidee, indem sie vehement das verbreiten und fördern, was man als Bio-Weltanschauung bezeichnen könnte, aber als Bio-Lügen-Märchen bezeichnen sollte.

*2) Tierideologen* kommen ins Spiel im Zusammenhang mit dem antisachlichen und antirationalen geistigen Klima, das politische Korrektheit, Identitätspolitik und Cancel Culture geschaffen haben: Denk- und Dis-

kussionsverweigerung, Einschränkung der Meinungs-
und Wissenschaftsfreiheit. Treffen diese auf ein sensibles, komplexes und missverständliches Thema, sind
negative Konsequenzen unausweichlich: weil wichtige
Fakten, Zusammenhänge, Implikationen und Differenzierungen nicht hinreichend gewürdigt oder, noch
schlimmer, erst gar nicht wahrgenommen werden. Genau dies war und ist beim sogenannten „Holocaustvergleich" der Fall. Konsequenz: Folgende Fakten, Zusammenhänge, Implikationen und Differenzierungen
wurden und werden nicht berücksichtigt:

- International ist der Holocaustvergleich gang und
  gäbe und es gibt eine „normale", rationale Diskussion zum Thema.
- Wer Mensch-Tier-Vergleiche verbieten will, müsste auch Tierethik und Tierrechtsphilosophie verbieten, weil bei beiden Mensch-Tier-Vergleiche
  systemimmanent sind.
- Beim Holocaustvergleich geht es gar nicht primär
  um Mensch-Tier-Vergleiche, sondern vielmehr
  meist um den Vergleich der *Behandlung* von Menschen und Tieren.
- Vergleichen heißt nicht gleichsetzen. Wer Vergleichen verbieten will, müsste auch die Wissenschaft verbieten und letztlich das Leben verbieten,
  weil beide  ohne Vergleichen unmöglich sind.

All diese entscheidenden Fakten, Zusammenhänge, Implikationen und Differenzierungen blieben auf-

grund der Denk- und Diskussionsverweigerung und der Einschränkung der Meinungs- und Wissenschaftsfreiheit unerkannt und unberücksichtigt. Angesichts dieses Chaos, dieses Nicht-durchdacht-Seins, schon auf der sachlich-rationalen Ebene kommen wir beim Holocaustvergleich erst gar nicht auf die ethische Ebene bzw. fehlt jegliches Fundament für sinnvolle ethische Bewertungen und Überlegungen.

Die Tierideologen schaden der Tierrechtsidee in zweifacher Weise: erstens sind sie verantwortlich dafür, dass entscheidende Fakten, Zusammenhänge, Implikationen und Differenzierungen im Dunkeln bleiben und zweitens spalten und schwächen sie die Tierrechtsbewegung durch buchstäblich grundlose Anschuldigungen.

3) *Tierphilosophen* verkennen und übersehen den völlig unterschiedlichen funktionalen Status von Tier- und Menschenrechten samt seiner Implikationen bzw. Konsequenzen: Tierrechte haben eine *tragende Funktion,* soll heißen: Zweck von Tierrechtskonzepten ist es, Veränderungen in Richtung eines tierrechtskonformen menschlichen Verhaltens auf den Weg zu bringen – weil öffentliche Meinung und Gesetze derzeit gegen Tierrechte ausgerichtet sind. Im Gegensatz dazu befinden sich Menschenrechte weitgehend im Gleichklang mit öffentlicher Meinung und Gesetzen. Daraus resultiert das primäre Ziel von Tierrechtskonzepten: „normale" Menschen, die gegenüber Tieren gleichgül-

tig oder gar tendenziell negativ eingestellt sind, für die Notwendigkeit von Tierrechten zu sensibilisieren. Deshalb sollen und müssen Tierrechtskonzepte in erster Linie einfach und überzeugend sein.

Ein solches einfaches und überzeugendes Tierrechtskonzept existiert auch. Aber Tierphilosophen tendieren dazu, komplizierte Tierrechtstheorien zu entwerfen, die für philosophische Laien kaum nachvollziehbar sind – und dieses einfache Tierrechtskonzept verdecken und seiner Wirkung berauben.

Im Folgenden seien einige charakteristische Elemente oder Eigenschaften angeführt, die Tierrechtstheorien wenig überzeugend und schwer nachvollziehbar machen:

- Kompliziertheit.
- Mangelnde Stringenz.
- Widersprüche, Unvereinbarkeiten und Missverständlichkeiten.
- Verlassen der moralischen Ebene I: Tierrechte sollten möglichst durchgehend auf der moralischen Ebene formuliert und diskutiert werden, weil Tierrechte, wie Menschenrechte, primär moralische Ideen, Forderungen und Konzepte sind.
- Verlassen der moralischen Ebene II: Tierrechte sollten möglichst durchgehend auf der moralischen Ebene formuliert und diskutiert werden, weil nur hier, beim moralischen Argumentieren, Überzeugungspotential besteht – nicht bei politi-

schen Schlussfolgerungen aus moralischen Argumenten. Nur auf der moralischen Ebene können die notwendigen Zwischen- bzw. Überzeugungsschritte gesetzt werden.

- Vertragstheoretische Elemente: Die Vertragstheorie, wonach nur Rechte haben kann, wer auch entsprechende Pflichten eingehen und erfüllen kann, erweist sich schon im menschlichen Bereich als höchst problematisch, z. B. im Hinblick auf kleine Kinder oder Menschen mit geistiger Behinderung. Und um Tiere überhaupt aus der Ethik zu *verbannen,* waren und sind vertragstheoretische Ansätze ein beliebtes und bewährtes Instrument.

- Kantische Elemente: Erstens ist Kants Theorie ein Musterbeispiel für eine schwer verständliche Philosophie. Zweitens argumentiert Kant bekanntermaßen ausdrücklich *gegen* Tierrechte. (Gegenüber Tieren hätten wir lediglich indirekte Pflichten.) Drittens geht Kant im Hinblick auf Tiere nachweislich von falschen faktischen Voraussetzungen aus.

Die Tierphilosophen schaden der Tierrechtsidee in zweifacher Weise: Erstens verkennen sie die Hauptaufgabe von Tierrechtsansätzen: „normale" Menschen mit einfachen, überzeugenden Konzepten für die Notwendigkeit von Tierrechten zu sensibilisieren. Zweitens verdecken Tierphilosophen mit ihren komplizierten

Tierrechtstheorien ein vorhandenes gleichermaßen einfaches wie fundiertes Tierrechtskonzept und berauben es seiner Wirkung.

# Literatur

**Ardant, Fanny:** *„Ich habe es immer vorgezogen, frei zu sein"* (Interview), Spiegel, 48, 2019.

**Assheuer, Thomas:** *Im reichsten Armenhaus der Welt,* Die Zeit, 45, 2020.

**Balluch, Martin:** *Der Hund und sein Philosoph.* Wien: Promedia, 2014.

**Balluch, Martin:** *Kant revisited: Die beste Begründung für Tierrechte* http://www.martinballuch.com/kant-revisited-die-beste-begruen-dung-fuer-tierrechte/

**Becker, Franziska:** *„Heftig, aber witzig"* (Interview), Der Spiegel, 27, 2019.

**Bekoff, Marc:** *Das Gefühlsleben der Tiere.* Bernau: animal learn Verlag, 2008.

**Bekoff, Marc:** *Das unnötige Leiden der Tiere.* Freiburg: Herder, 2001.

**Bentham, Jeremy:** *An Introduction to the Principles of Morals and Legislation.* Hg. v. J. H. Burns, H. L. A. Hart. London: Universitiy of London - The Athlone Press, 1970.

*Biofleisch boomt in der Coronakrise,* Der Tagesspiegel, 16.2.2021. https://www.tagesspiegel.de/wirtschaft/absatz-schiesst-in-die-hoehe-biofleisch-boomt-in-der-coronakrise/26917372.html

**Brito, Sam de:** *We are all Nazis when it comes to animal rights,* The Sydney Morning Herald, 24.4.2014. https://www.smh.com.au/opinion/we-are-all-nazis-when-it-comes-to-animal-rights-20140423-zqy0b.html

Brockhaus Enzyklopädie in 20 Bänden. Band 12. Wiesbaden: Brockhaus, 1971.

**Cavalieri, Paola, Singer, Peter (Hg.):** *Menschenrechte für die Großen Menschenaffen.* München: Goldmann, 1994.

**Cigman, Ruth:** *Death, Misfortune and Species Inequality,* Philosophy and Public Affairs, 10, No. 1 (Winter 1980).

**Clarke, Paul A. B., Linzey, Andrew:** *Introduction.* In: dies. (Hg.): Political Theory and Animal Rights. London: Pluto, 1990.

**Cranach, Xaver von:** *Da war doch was, da ist doch was: Eine Ausstellung in Dresden widmet sich der Erfindung von Menschenrassen,* Der Spiegel, 21, 2018.

**Darwin, Charles:** *Die Abstammung des Menschen.* Stuttgart: Alfred Kröner, 1966.

**Dawkins, Richard:** *Barrieren im Kopf.* In: Paola Cavalieri, Peter Singer (Hg.): Menschenrechte für die Großen Menschenaffen. München: Goldmann, 1994.

*Deutsche kaufen mehr Biofleisch,* Frankfurter Allgemeine, 16.2.2021. https://www.faz.net/aktuell/wirtschaft/deutsche-kaufen-mehr-bio-fleisch-marktanteil-jedoch-weiter-gering-17200542.html

**Diamond, Jared:** *Der dritte Schimpanse.* In: Paola Cavalieri, Peter Singer (Hg.): Menschenrechte für die Großen Menschenaffen. München: Goldmann, 1994.

**Dombrowski, Daniel A.:** *Hartshorne and the Metaphysics of Animal Rights.* Albany: State University of New York Press, 1988.

**Donaldson, Sue, Kymlicka, Will:** *Von der Polis zur Zoopolis. Eine politische Theorie der Tierrechte.* In: Schmitz, Friederike (Hg.): Tierethik. Berlin: Suhrkamp. 2014.

**Donaldson, Sue, Kymlicka, Will:** *Zoopolis: Eine politische Theorie der Tierrechte.* Berlin: Suhrkamp. 2013.

**Dunbar, R. l. M.:** *Was sagt uns eine Klassifizierung?* In: Paola Cavalieri, Peter Singer (Hg.): Menschenrechte für die Großen Menschenaffen. München: Goldmann, 1994.

**Duve, Karen:** *Anständig essen.* Berlin: Galiani, 2011.

**Foer, Jonathan Safran:** *Tiere essen.* Köln: Kiepenheuer & Witsch, 2010.

**Francione, Gary L.:** *Empfindungsfähigkeit, ernst genommen.* In: Schmitz, Friederike (Hg.): Tierethik: Grundlagentexte. Berlin: Suhrkamp, 2014.

**Frederiks, Jo:** *The Animal Holocaust,* YouTube, 2014. https://www.youtube.com/watch?v=s5XX35L4fmQ

**Frederiks, Jo:** *Jo Frederiks artist / animal rights activist,* 2019. https://www.jofrederiksart.com

**Fukuyama, Francis:** *Gegen Identitätspolitik,* Der Spiegel, 42, 2018.

**Gächter, Sven:** *Sprachregelung,* Profil, 35, 2019.

**Garton Ash, Timothy:** *„Es wird zu viel über Fake News geredet"* (Interview), Profil, 27, 2017.

**Garton Ash, Timothy:** *Redefreiheit.* München: Carl Hanser Verlag, 2016.

**Glaubrecht, Matthias:** *Angekratzte Schöpfungskrone,* Die Zeit, 52, 1990.

**Goos, Hauke:** *Ein Krieg für Tiere,* Der Spiegel, 12, 2004. https:www.spiegel.de/spiegel/print/d-30220155.html

**Greiner, Ulrich:** *Zweierlei Maß,* Die Zeit, 13, 2018.

**Hähnig, Anne:** *Hirngespinst der Wissenschaft: Wer erfand und verbreitete den Rassismus?* Eine Ausstellung im Dresdner Hygienemuseum gibt darauf Antworten, Die Zeit, 21, 2018.

**Handke, Peter:** *„Das bringt mich jetzt in Wut"* (Interview), Salzburger Nachrichten (Ursache & Wirkung), 30.11.2019.

**Hartung, Manuel J.:** *Streiten bildet,* Die Zeit, 17, 2019.

**Hershaft, Alex:** *A Journey From The Holocaust To Animal Rights,* You-Tube, 2018.
https://www.youtube.com/watch?v=0UQYw11OBkU

**Hershaft, Alex:** *Holocaust To Compassion,* Tel Aviv University 2015, YouTube, 2015.
https://www.youtube.com/watch?v=f7dZv43A0g0

**Hershaft, Alex:** *Holocaust-Überlebender Dr. Alex Hershaft* (Interview), YouTube, 2017.
https://www.youtube.com/watch?v=gNV26q89zYg

**Hödlmoser, Thomas:** *Das wird man wohl noch sagen dürfen ...,* Salzburger Nachrichten (Ursache & Wirkung), 29. 2. 2020.

**Hösle, Vittorio:** *Moral und Politik: Grundlagen einer Politischen Ethik für das 21. Jahrhundert.* München: Beck, 1997.

**Kaplan, Helmut F.:** *Aus nachvollziehbar begründeten Menschenrechten folgen Tierrechte,* TIERethik, 2020 / 2.

**Kaplan, Helmut F.:** *Die Euthanasie-Diskussion: Ein Versuch zur Versachlichung.* In: ders.: Leichenschmaus. Ethische Gründe für eine vegetarische Ernährung. Reinbek: Rowohlt, 1993b. (Diesen Beitrag enthält nur die Rowohlt-Erstausgabe von Leichenschmaus von 1993, nicht die weiteren Rowohlt-Auflagen.)

**Kaplan, Helmut F.**: *Euthanasie und Emotion - Warum Peter Singers Thesen die Gemüter erhitzen.* In: Riccardo Bonfranchi (Hg.): Zwischen allen Stühlen: die Kontroverse zu Ethik und Behinderung. Erlangen: Fischer, 1997.

**Kaplan, Helmut F**: *Leichenschmaus: Ethische Gründe für eine vegetarische Ernährung.* Reinbek: Rowohlt, 1993a. Aktualisierte Neuauflage 2011 bei Books on Demand.

**Kaplan, Helmut F.**: *Menschenrechte und Tierrechte: Solidarität mit den Leidensfähigen.* Norderstedt: Books on Demand, 2019.

**Kaplan, Helmut F.**: *Die Philosophie des Vegetarismus: kritische Würdigung und Weiterführung von Peter Singers Ansatz.* Frankfurt: Lang, 1988.

**Kaplan, Helmut F.**: *Tierethik: 10 Gründe für einen anderen Umgang mit Tieren.* Norderstedt: Books on Demand, 2014.

**Kaplan, Helmut F.**: *Tierrechte: Wider den Speziesismus.* Norderstedt: Books on Demand, 2016.

**Kaplan, Helmut F.**: *Tierrechte und Menschenrechte: Eine Einheit.* Norderstedt: Books on Demand, 2020.

**Korsgaard, Christine:** *Mit Tieren interagieren: Ein kantianischer Ansatz.* In: Schmitz, Friederike (Hg.): Tierethik: Grundlagentexte. Berlin: Suhrkamp, 2014.

**Kuhse, Helga, Singer, Peter:** *Muß dieses Kind am Leben bleiben?* Erlangen: Fischer, 1993.

**Ladwig, Bernd:** *Politische Philosophie der Tierrechte.* Berlin: Suhrkamp, 2020.

**Leick, Romain:** *Zurück am Abgrund,* Spiegel, 38, 2019.

**Lotter, Maria-Sibylla:** *Wer darf hier was sagen?,* Die Zeit, 52, 2018.

**Megged, Eyal:** *If a Holocaust Survivor Can Admit There's an Animal Holocaust - We Can Too,* Haaretz, 14. 5. 2015.
https://www.haaretz.com/opinion/.premium-time-to-admit-the-re-s-animal-holocaust-1.5361854

**Mounk, Yascha:** *Kollektive Zensur,* Die Zeit, 34, 2020.

*Natalie Portman video for PETA compares animal treatment to Holocaust,* The Times of Israel, 16. 7. 2018.
https://www.timesofisrael.com/natalie-portman-video-for-peta-compares-animal-treatment-to-holocaust/

**Newmyer, Stephen T.:** *Plutarch on the Treatment of Animals: The Argument From Marginal Cases,* Between the Species, Vol. 12, No. 1 & 2 (Winter-Spring 1996).

**Oehmke, Philipp:** *Politik des Narzissmus,* Der Spiegel, 3, 2018.

**Patterson, Charles:** *Eternal Treblinka: Our Treatment of Animals and the Holocaust.* New York: Lantern Books, 2002.

**Pfefferman, Naomi:** *Comparing animal rights and the Holocaust,* Jewish Journal, 10. 10. 2012.
https://jewishjournal.com/mobile_20111212/108867/

**Pfordten, Dietmar von der:** *Ökologische Ethik.* Reinbek: Rowohlt, 1996.

**Prescott, Matthew:** Zitatquelle: Schutz für Mensch, Tier und Umwelt, 3/4, 2003.

**Rachels, James:** *Created From Animals.* Oxford: Oxford University Press, 1991.

**Rachels, James:** *Warum sich Darwinisten für die Gleichbehandlung der anderen Großen Menschenaffen einsetzen sollten.* In: Paola Cavalierei, Peter Singer (Hg.): Menschenrechte für die Großen Menschenaffen. München: Goldmann, 1994.

**Regan, Tom:** *The Case for Animal Rights.* London: Routledge & Kegan Paul, 1984.

**Regan Tom:** *An Examination and Defense of One Argument Concerning Animal Rights.* In: ders.: All That Dwell Therein. Berkeley: University of California Press, 1982.

**Regan, Tom:** *Utilitarianism, Vegetarianism, and Animal Rights,* Philosophy & Public Affairs, 9, 4, 1980.

**Schloen, Johanne:** Leserbrief, Die Zeit, 19, 2017.

**Schlott, René:** *Schluss mit der Anpasserei!,* Die Zeit, 31, 2020.

**Schwarta, Richard H.:** *Should the Mistreatment of Animals Be Compared to the Holocaust?,* Jewish Vegetarians of North America, o. J. https://www.jewishveg.org/schwartz/holocaust.html

*Siegeszug aus der Sackgasse:* Spiegel-Serie über neue Knochenfunde vom Urmenschen und die Entstehung des Homo sapiens (I), Der Spiegel, 42, 1995.

**Singer, Peter:** *Animal Liberation.* New York: The New York Review, 1975.

**Singer, Peter:** *Animal Liberation. Die Befreiung der Tiere.* Reinbek: Rowohlt, 1996.

**Singer, Peter:** *Befreiung der Tiere.* München: Hirthammer, 1982.

**Singer, Peter:** *A Comment on the Animal Rights Debate,* International Journal of Applied Philosophy, 1, 1983.

**Singer, Peter:** *Ethics and the New Animal Liberation Movement.* In: ders. (Hg): In Defence of Animals. Oxford: Basil Blackwell, 1985.

**Singer, Peter:** *Is Racial Discrimination Arbitrary?,* Philosophia, 8, 1978.

**Singer, Peter:** *Praktische Ethik.* Stuttgart: Reclam, 3. revidierte und erweiterte Auflage 2013.

**Singer, Peter:** *The Rights Of Animals,* Newsweek, 19.11.2008.

**Singer, Peter:** *Utilitarianism and Vegetarianism,* Philosophy & Public Affairs, 9, 4, 1980.

**Soboczynski, Adam:** *Der Seitenwechsel,* Die Zeit, 34, 2017.

**Teutsch, Gotthard M.:** *Mensch und Tier: Lexikon der Tierschutzethik.* Göttingen: Vandenhoeck und Ruprecht, 1987.

**Teutsch, Gotthard M.:** *Traurige Moralitat,* Anima, 3, 1995b.

**Teutsch, Gotthard M.:** *Die „Würde der Kreatur".* Bern: Haupt, 1995a.

**Wild, Markus:** *Tierphilosophie.* Hamburg: Junius, 2013.

**Wise, Steven M.:** *Animal Rights, One Step at a Time.* In: Cass R. Sunstein, Martha C. Nussbaum (Hg.): Animal Rights. Oxford: Oxford University Press, 2006.

**Wise, Steven M.:** *Rattling the Cage.* London: Profile Books, 2001.

**Wolf, Jean-Claude:** *Tierethik.* Freiburg: Paulusverlag, 1992.

**Wolf, Ursula:** *Ethik der Mensch-Tier-Beziehung.* Frankfurt am Main: Klostermann, 2012.

**Wolf, Ursula:** *Das Tier in der Moral.* Frankfurt: Klostermann, 1990.

**Helmut F. Kaplan** hat ein abgeschlossenes Psychologie- und Philosophiestudium. Er war Berater mehrerer Tierrechtsorganisationen. Seine frühen Schriften haben wesentlich zur Einführung der Tierrechtsphilosophie in den deutschen Sprachraum beigetragen. Das Buch „Leichenschmaus" gilt als wichtigstes deutschsprachiges Tierrechtsbuch und wurde unter anderem ins Japanische übersetzt. 2019 legte Kaplan mit „Menschenrechte und Tierrechte" das erste philosophische Tierrechtsbuch mit dem Aufhänger Menschenrechte vor.

**Jörg Luy** hat ein abgeschlossenes Tiermedizin- und Philosophiestudium. Interdisziplinäre Dissertation über „die Tötungsfrage in der Tierschutzethik". Fachtierarzt für Tierschutz und Tierethik. Sechs Jahre Juniorprofessor für Tierschutz und Ethik an der Freien Universität Berlin (2004-2010). Leitung des Instituts für Tierschutz und Tierverhalten der FU Berlin bis zur Gründung des eigenen Instituts im Jahr 2013. Seitdem selbständig mit dem INSTET, einem Forschungs- und Beratungsinstitut für angewandte Ethik (instet.eu). Fasziniert von der Frage des guten und richtigen Umgangs mit der Erde und all denen, die auf ihr leben, und überzeugt davon, dass Ethik so naturwissenschaftlich wie möglich betrieben werden sollte.

## Neuere Bücher von Helmut F. Kaplan
(ab 2007)

*Der Verrat des Menschen an den Tieren.* Vegi-Verlag, 2007.

*Freude, schöner Götterfunken: Glück zwischen Schmerz und Tod.* Books on Demand, 2007.

*Leichenschmaus: Ethische Gründe für eine vegetarische Ernährung.* Vierte, aktualisierte Neuauflage. Books on Demand, 2011.

*Digitale Höllenfahrt: Zum Katastrophenpotential virtueller Kommunikation.* Books on Demand, 2012.

*Leben, Lieben, Leiden: Aphorismen.* Zweite, erweiterte Neuauflage. Books on Demand, 2012.

*Tierrechte: Modetrend oder Moralfortschritt?* Books on Demand, 2012.

*Schopenhauers Pudel: Warum unsere Liebesobjekte austauschbar sind.* Books on Demand, 2013.

*Vegan soll keine Religion sein: Für eine realistische Ethik.* Books on Demand, 2013.

*Tierethik: 10 Gründe für einen anderen Umgang mit Tieren.* Books on Demand, 2014.

*Tierrechte: Wider den Speziesismus.* Books on Demand, 2016.

*Tierrechte – Das Ende einer Illusion?: Warum es die Tierrechtsbewegung so schwer hat.* Books on Demand, 2017.

*Menschenrechte und Tierrechte: Solidarität mit den Leidensfähigen.* Books on Demand, 2019.

*Tierrechte und Menschenrechte – Eine Einheit.* Books on Demand, 2020.